シリーズ〈日本語探究法〉小池清治=編集　10

日本語教育探究法

小池清治
氏家洋子［著］
秋元美晴

朝倉書店

――――編集のことば――――

　本シリーズは国語学・日本語学の分野で卒業論文を作成しようとする日本人学部学生および留学生，さらに，広く日本語を研究対象とする人々に対して，日本語に関する基礎的知識および最新の知識を提供するとともに，その探究方法についての指針を具体的事例研究を通して提示することを目的とし，大学・短期大学における国語学・日本語学の教科書および演習用のテキスト，または卒業論文作成指導の際の便を図るものとして編集しました。
　各事例は，基本的には次のように構成されています。
1. タイトル：日常の言語生活において疑問に感じる言語事象を，平易な疑問文の形で提示した。
2. 【　　】：卒業論文作成の参考となるよう，研究ジャンル名を提示した。
3. キーワード：事例研究をするうえにおいて，重要な用語をキーワードとして提示した。
4. 本　　文：レポート，論文の書き方の一例として，事例研究を提示した。
5. 発展問題：演習やレポートの課題として利用されることを想定して，ヒントとなる類似の事例をいくつか例示した。
6. 参考文献：課題を学習するうえで基本となる文献を列挙した。これらの文献を参照し，それを端緒としてさらに拡大し，掘り下げられることを期待する。

小池清治

はじめに
―忘れ得ぬ留学生たち―

　日本語教育に限らず，教育の成功，失敗は，偏に学習者の意欲と能力に99％は依存する。したがって，日本語教師が手伝えるのはわずかに1％程度である。

　ところで，能力については，学習者が母語を運用する能力さえあれば十分であるから，問題は意欲次第ということになる。

　意欲は，動機に由来するものと必要に由来するものとがある。外国人力士がいち早く日本語をマスターするのはもっぱら生活上の必要による。モンゴルにおいて，大相撲の力士を目指す者が第一にやることは日本語の学習ではないだろう。朝青龍たちは，相撲部屋のちゃんこ鍋を味わいつつ，土俵の砂に塗れるようにして，日本語を身につける。そして，この学習法が話し言葉（話す・聞く）に限って言えば，かなり有効であることは確かである。このことは，就労目的の外国人においても同様である。このレベルの日本語教育は，豊かな言語場を与え，豊富な日本語をシャワーのように浴びせる「シャワー法」でよい。

　日本文学を深く学びたい，日本語という言語そのものに興味がある等で日本語学習に入った者について言えば，日本語学習自体が動機ということになる。この場合，豊かな言語場や豊富な日本語のシャワーは期待出来ないから，これに代わって，教科書や教師による指導が必要になる。これは「注入法」と称することができる。注入法の特徴は，読む・書くが話す・聞くと同時並行的に行われるところにある。

　より効果的な注入法を提案するのが本書の眼目の一つである。もう一つの狙いは，日本語教育を実践する上で生ずる学問的課題を見出だし，その解決方法の具体例を提示することにある。

　研究能力は運用能力とは質を異にする。この場合は母語の運用能力だけでは不十分である。問題を発見する感性，問題を解決する資料収集能力や分析力，さらに洞察力等，高度の知能が必要となるのである。

はじめに

　外国語を習得することと外国語を研究することとは似て非なるものである。習得には疑問は障害となる。ただ，オームのように口まねすることが上達のコツである。一方，研究には疑問が必須で，なぜという疑問がない限り，研究の道は拓けない。複数の言語をこなす者がよい研究者とは限らない。

　中国語，ポルトガル語，日本語の三か国語をこなすブラジルからの留学生がいた。彼女は，さぞ優れた卒業論文を書いてくれるだろうと期待していたのだが，案に相違して，テーマ捜しに苦しみ，結局平凡な敬語論で，お茶を濁した程度のものしか書けなかった。外国語習得にばかり力を入れると，問題発見能力が育たなくなる恐れがある。

　多くの留学生に接する度に感じることは，彼らは，よい学習者であると同時によい先生であるということである。

　ある韓国人留学生の表現に「親との意見差」というものがあった。このような表現を日本人学生は決してしない。日本人学生なら「親との意見の相違」と書くことだろう。時には「親との異見の創意」などと誤字で驚かせてくれることはあるが……。

　「〜差」という表現は，「体重差」「身長差」「温度差」など，ある単位に基づき計測できるものについてのみ可能である。「意見」の違いは単位化できず，計測できない。よって，「意見差」という表現は誤用となる。

　この韓国人学生は誤用を通して，私に形態素「〜差」の特質を教えてくれたことになる。中国からの留学生の一人は，「『高くて買えない』とは言うが，『安くて買える』とは言えない。」と教えてくれ，また，「『家を出る・家から出る』は両方言えるが，『大学を出ている』はよいが，『大学から出ている』は変だ。」と教えてくれた。

　ドアをノックする音を「トントン」とか「コンコン」とか，どうしても表現できないと告白したのはフランス人留学生であった。私に，擬声語は単純な描写音でないことを気付かせてくれたのは，オルレアンから来た女子学生であった。その時から，オルレアンはジャンヌ・ダルクの故郷以上の意味を持つようになったのである。

　「話す・聞く・書く・読む」は，日本語教育の基礎にかかわる四つの動詞であるが，「聞く」という語は，これらの中で，例外的存在である。例外である

ことが判明するのは可能動詞を観察することによってはっきりする。「話せる・書ける・読める」は能力可能・状況可能の用法を有するのに対し，「聞ける」だけは，状況可能だけで，能力可能の用法を有さないのである。
　「早く，日本語が上手に聞けるようになるぞ！」と飛び上がるような発言をして，「聞く」の例外性を教えてくれたのも留学生であった。
　日本語教育に従事することは，日本語発見のスリリングな旅に出ることでもある。
　本書の構成及び担当者は次のようになっている。

言語構造に関するもの	音声・音韻	第1章，第2章	小池清治
	文字・表記	第3章	小池清治
	文法	第4章～第7章	小池清治
	語彙	第8章，第9章	秋元美晴
言語行動に関するもの		第10章～第14章	氏家洋子
構造・行動に関するもの	敬語	第15章	小池清治

　本書は，日本語教育の一端を示すに過ぎないものであるが，本書を契機に実り豊かな日本語教育の道に興味を持ち，理解を深めていただければ幸いである。

　2007年2月

宇都宮大学国際学部・国際学研究科教授　　小池清治

目 次

第1章 オサマ・ビン・ラディンか, ウサマ・ビン・ラディンか?
　　　―母音:オマーン人学習者― ……………………………… 1
　　　[音声・音韻1]

第2章 「先生, それは散っています。」―子音:タイ人学習者― ………… 9
　　　[音声・音韻2]

第3章 「ジレンマってなんですか?」
　　　―外来語・カタカナ語:フランス人学習者― ………………………15
　　　[文字・表記]

第4章 「風□窓□開□た。」は「風ガ窓ヲ開ケた。」か,「風デ窓ガ開イた。」か?
　　　―自動詞・他動詞・陳述単語説批判:チェコ人学習者― …………23
　　　[文法1]

第5章 「私はキツネ。」―ウナギ文・省略表現:中国人学習者― …………35
　　　[文法2]

第6章 「NIKKO is NIPPON」をどう訳すか?
　　　―ハとガの相違:アメリカ人学習者― …………………………………43
　　　[文法3]

第7章 なぜ「黒板を消せる」のか?
　　　―ヲの多様性:ブルガリア人学習者― …………………………………53
　　　[文法4]

目次

第 8 章　魚が水泳しています？ ……………………………… 60
　　　　　［語彙・類義語］

第 9 章　「可能性が大きい・高い・強い」か「大きい・高い・強い可能性がある」か？ ……………………………… 66
　　　　　［語彙・連語］

第 10 章　異言語・異文化との出会いによりどんなことが起きるか？ ……… 72
　　　　　［言語文化学・対照言語学・日本語教育学］

第 11 章　日本語学習の難しさは「主体的表現」にあると言えるか？ ……… 82
　　　　　［対照言語学・認識と言語・日本語教育］

第 12 章　日本語ではどんな客体的表現が継承されてきたか？ ……………… 92
　　　　　［対照言語学・日本語教育学・社会心理学］

第 13 章　お礼を言う時，「ありがとう」と「すみません」のどちらを使うか？ ……………………………… 102
　　　　　［言語文化・言語生活］

第 14 章　日本人はなぜ「やっぱり」を多用するのか？ ……………… 112
　　　　　［認識と言語・対照言語学・社会言語学］

第 15 章　「ご利用いただけます。」の歴史
　　　　　―敬語は敬意を表すものではない― ……………………… 124
　　　　　［敬語］

索　引 ……………………………………………………………… 137

第1章　オサマ・ビン・ラディンか，ウサマ・ビン・ラディンか？—母音：オマーン人学習者—

【音声・音韻1】

キーワード：母音，母音三角形，三母音方言（琉球方言），四母音方言（栃木・茨城方言）音声，音韻

1. 2001年9月11日，同時多発テロ

今では，すでに，5年も前のことになる。

2001年9月11日，2機のジャンボ機がニューヨークの国際貿易センタービルに突入し，ツインタワービルを崩壊せしめ，数千に及ぶ死者負傷者を出した。この同時多発テロの黒幕とされる人物は，オサマ・ビン・ラディン（朝日新聞等，図1：朝日新聞2001年9月12日朝刊）ともウサマ・ビン・ラディン（毎日新聞等，図2：下野新聞2001年9月13日朝刊）とも呼称される人物であった。この人物は，5年後の今日も中近東の山岳地帯に潜伏し，アメリカ軍の懸命の捜索活動にもかかわらず，捕捉されていない。人物名さえ定まらないのであるから，本人が捕捉される可能性は心細いかぎりである。

2. オマーンからの留学生—三母音方言，四母音方言—

2001年10月の後期学期に，オマーン首長国からの留学生が一人いた。中国人，韓国人が大半を占める留学生の中で，アラビア半島からの留学生は至極少数で珍しかった。

彼はイギリス留学の後，日本へ来たという経歴の持ち主で，流暢な英語を話した。また，そのせいもあってか，ユーモアを楽しむという傾向があった。

農学部の大学院に所属しているということで指導教員を尋ねると，

「ドクター・アクダ。」と応じてくれた。

「アクダ？　悪だ？　悪田？　灰汁田？　えっ？」

オサマ・ビン・ラディン氏　57年、サウジアラビア生まれの富豪で、イスラム統一聖戦を意味するテロリストグループ「アルカイダ・アルジハド」を率いる。ソ連のアフガニスタン侵攻時にイスラムゲリラに参加した。93年の世界貿易センタービル爆破テロ事件でも黒幕として資金援助をした疑いが持たれている。

図1

米国の心臓部ニューヨーク、ワシントンでの同時テロの背後に国際テロの黒幕とされるサウジアラビア出身の富豪ウサマ・ビン・ラディン氏がいるとみて、米国が血眼になって行方を追うのはなぜか。

ラディン氏の「反米の怨念（おんねん）」は、サウジアラビアのファハド国王がイスラム教徒の聖地メッカ、メディナを抱えるサウジの地に米軍の常駐を初めて許した一九九一年の湾岸戦争までさかのぼる。イラクとの戦争はアラブ世界を二分し、その後十年の中東地図を米国主導に塗り替えたが、一方でイスラム原理主義の過激化に拍車を掛けた。

ラディン氏

イスラム教徒にとり米軍は「聖地を汚し続ける異教徒」で、米国は聖地エルサレムを占領し続けるイスラエルの背後にいる憎むべき大国との感情は根強い。

ラディン氏はリヤド生まれだが、父はイエメンの名家の出身、母はパレスチナ人。二㍍近い長身とされ、ターバンを巻いた端正なマスクで、イスラム教徒にとっては米国に懲罰を下す「現代のロレンス的存在」だ。

ラディン氏はアラブ世界のこうした流れに呼応して九六年八月、「最大の敵、米国に対するジハード（聖戦）に決起せよ」と世界のイスラム教徒にげきをとばした。九八年二月には国際的テロ・ネットワーク「ユダヤと十字軍打倒のための国際イスラム戦線」を設立し、事実上の宣戦布告。半年後の八月、ナイロビとダルエスサラームで米大使館同時爆破事件が起き、米国はラディン氏に五百万㌦の懸賞金をかけ国際手配した。

昨年九月、イスラエル右派リクードのシャロン党首（現首相）によるエ

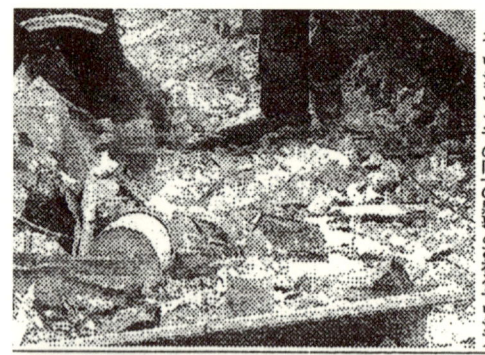

図2

理解に苦しみ，さらに専攻を尋ねると応用生物学ということであり，私は「奥田誠一教授」の真面目な顔をやっと思い浮かべることができた。

「オクダをアクダか」と感心しながら，アラビア語の幹母音は「a/i/u 」の三種であったことを思い出した。

オサマかウサマかと二者択一の問いに対しては，ウサマが正しいということになるが，実際は，ウとも才とも付かない中間的音声なのであろう。後日，エジプトのカイロ大学に留学した経歴の持ち主，比較地域研究講座の清水悟教

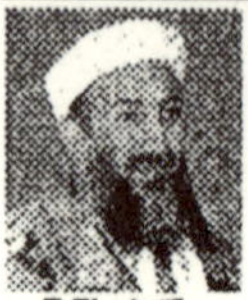

授（現在一橋大学大学院教授）に確認したところ，確かにその通りだということであった。

　こうして，私の方の疑問はわずか一か月足らずで解決した。

　現代日本語の全国共通語は「a/i/u/e/o」の五母音であるが，琉球方言は，「a/i/u」の三母音である。かつて，那覇に住む友人から，「アキミシチ，ウミンディトゥ，ハンビリ」という年賀状をもらったことがある。なるほど，三母音である。

　私が勤めている宇都宮大学は栃木県の宇都宮市にあるが，生粋の栃木弁は四母音で，「a/ie/u/ie/o」であり，「イ」とも「エ」とも付かない中間的音声である。「先生方，すぐショクエンシツにご集合ください。」というアナウンスを，散歩の途中に近所の小学校の校内放送で聞いた時，しみじみここは栃木だと思ったことがある。

　古河は茨城県の最西端の市であるが，その総合公園では「ヒヨコのイサ」を10円で売っていた。福島県の会津地方も四母音である。

　福島出身の学生に「5WHH」とはなにかと尋ねられて，閉口したことがある。福島出身と判明した時，「5W1H」が鮮明な像となって私の脳裏に浮かんだことであった。日本語の音声は比較的簡明であるが方言まで勘定に入れると複雑なものになってくる。

3. 日本の小学校における母音教育

　日本人の子供も言語教育の第一歩は母音の発音についての教育から始まっている。因みに，これまでに検定を通った教科書で母音がどう扱われているか検討してみよう。

　いずれの教科書も，「あいうえお」という平仮名とセットの形で母音を発音する児童の顔写真を付している。

　図3は，口構えを唇の形で示す工夫を加え，図7は「あいうえお」のア行だけではなく，五十音図との関連で母音を示している。母音と音声・音韻との関連を意識させるということにおいて，図7の示し方がもっとも優れている。

　顔写真より判定すると，図7以外は，母音の理想形（音韻）を示そうとしたもので，現実形（音声）としては不自然である。

第1章　オサマ・ビン・ラディンか，ウサマ・ビン・ラディンか？

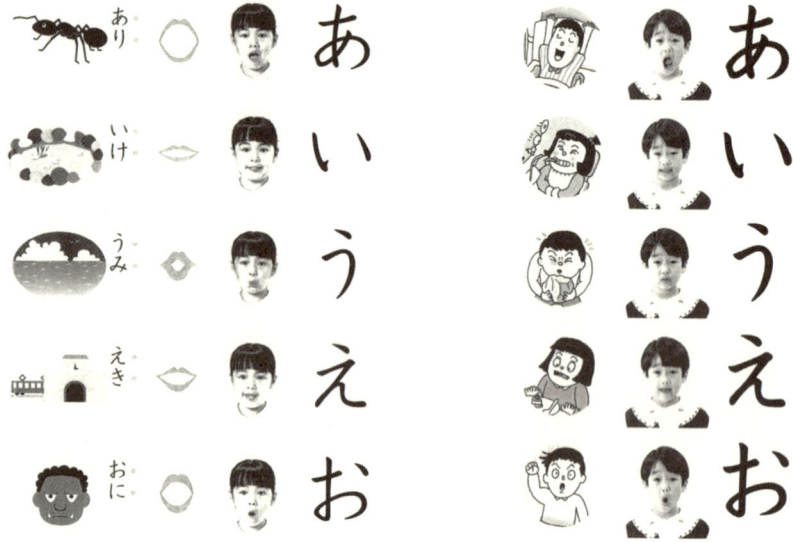

図3　『しょうがっこうこくご　1上』
　　　（大阪書籍）

図4　『みんなとまなぶしょうがっこう
　　　こくご　1ねん上』（学校図書）

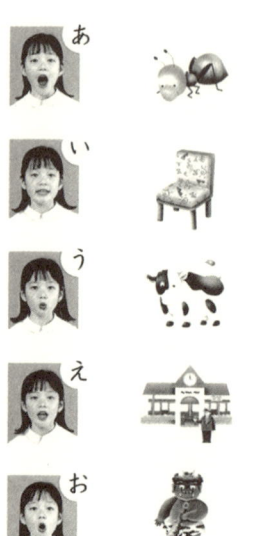

図5　『ひろがるしょうがっこうこくご
　　　1上』（教育出版）

図6　『新編あたらしいこくご　1上』
　　　（東京書籍）

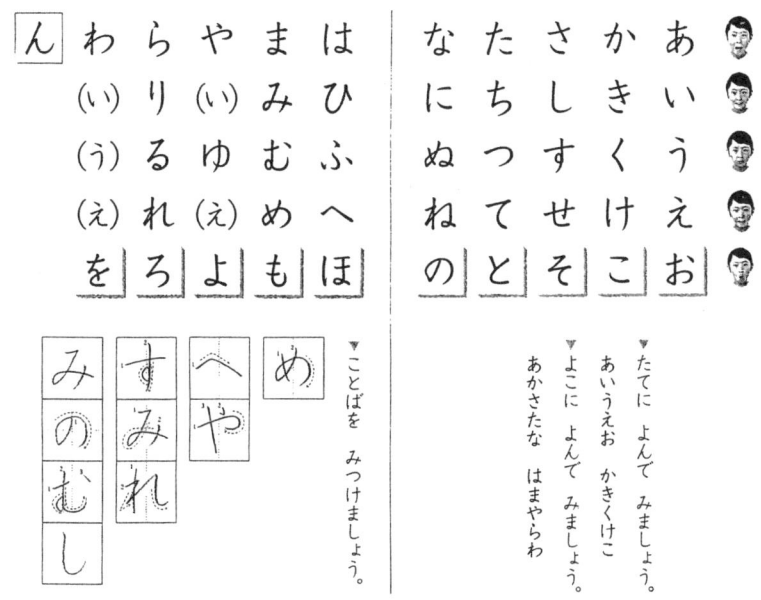

図7 『こくご 1上』(光村図書出版)

「あ」の場合は口の開きが大きすぎる。「赤」の「ア」にはふさわしいが,「青」や「藍」の場合の「ア」とはズレてしまう。音韻は理想形で抽象的存在であるから,顔写真で示すことは,もとより不可能なことなのである。

「い」の場合は横の引きが強すぎる。実際の「イ」は唇を軽く開く程度で実現している。写真を撮る際に「2」と発音させることがある。この場合は,横の引きが強くなることが期待されているのであるが,実際の「2」は,唇を横に強く引くことはない。

「う」の発音においては,唇の緊張度が強すぎ,突き出ている。「牛・海・馬」など語頭音ではこの形でもよいが,「小牛」「注射」や「会う」など,語中音・語尾音として出現する「ウ」の場合,写真の口構えと合致しないということになる。日本語の「う」は,唇の緊張がない [ɯ] で実現するのが普通である。

「え」は五母音の中ではもっとも自然な顔写真となっている。

「お」は唇の緊張が強すぎる。完全な円唇音の顔写真となっている。合唱の

発声練習などではこの形が要求されることがあるが，日常生活で完全な円唇音が実現することはない。それでも例示されているような「鬼・怒る」など語頭に来る場合は考えられるが，語中音，語尾音としての「お」の場合は不自然になる。

なお，「あいうえお」という平仮名は音節文字，表音文字と理解されている。これは，実は，音韻を表しているもので，音声記号とは異なる。

「あ」で表される現実の音声は一種類ではない。先にも述べたが，「赤・青・藍」の語頭音は「あ」と表記されるが，現実の形の音声の実態はそれぞれ異なる。そのことは，それぞれの言葉を鏡の前で発音すれば明瞭に理解出来る。

「赤」の「ア」が最も広く，「藍」の「ア」は最も狭い。「青」の「ア」はその中間である。

「あ」はこれら三種類の「ア」を表したものであるから抽象的存在であり，理想形なのである。このようなものを音韻という。平仮名は音韻を表したものなのである。発音記号と仮名はこのような意味で異なるのである。

■ **発展問題**

(1) 仲間外れはどれか。チェックしなさい。
　① a「秋」のア　　b「朝」のア　　c「蟻」のア
　② a「石」のイ　　b「息」のイ　　c「犬」のイ
　③ a「牛」のウ　　b「馬」のウ　　c「注射」のウ
　④ a「駅」のエ　　b「ねえさん」のエ　c「声」のエ
　⑤ a「鬼」のオ　　b「氷」のオ　　c「遠い」のオ

(2) ①「草」「串」のクと「熊」のクの発音はどのように異なるか。親指の腹を喉仏に当てて，それぞれを発音し，報告しなさい。
　② 「机です。」「行きます。」のスと「墨」のスの発音はどのように違うか。①の場合と同様にして，報告しなさい。
　③ 「期す」「機械」のキと「傷」のキの発音はどのように異なるか。①の場合と同様にして，報告しなさい。
　④ 「a/o」と比較し，「i/u」の母音としての共通点はどのようなところにあるか。下に示す，母音三角形の観点より答えなさい。

＊母音を口の開き，調音点の二つの観点より図示したものを「母音三角形」という。

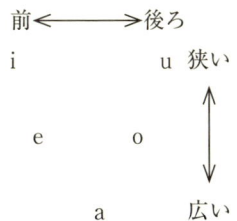

(3) 次の言葉を鏡の前で発音し，「あ」を発音する際の口の形の異同を指摘しなさい。
    a 会わない。　　　　　ア̲ワナイ。
    b 会います。　　　　　ア̲イマス。
    c 会う。　　　　　　　ア̲ウ。
    d 会えばいいのだが……。　ア̲エバイイノダガ……。
    e 会おう。　　　　　　ア̲オウ。

(4) 「上代特殊仮名遣い」について，次の事柄について調べてみよう。
    ① 上代日本語の母音の数
    ② 甲類，乙類の母音の相違
    ③ 母音調和
    ④ なぜ日本語では母音の数が減少するのか？

■ 参考文献

1) 有坂秀世『増補新版　国語音韻史の研究』(三省堂，1957)
2) 亀井　孝・河野六郎・千野栄一編著『言語学大辞典第6巻　術語編』(三省堂，1996)
3) 城生佰太郎『新装増訂三版　音声学』(バンダイ・ミュージックエンタテインメント，1992)
4) 橋本進吉『文字及び仮名遣の研究』(岩波書店，1949)
5) 橋本進吉『国語音韻の研究』(岩波書店，1950)
6) 服部四郎『音声学　カセットテープ，テキスト付』(岩波書店，1984)
7) 前川喜久雄「音声学」(『岩波講座言語の科学2　音声』岩波書店，1998)

8) 松崎　寛『よくわかる音声』(アルク，1998)
9) 松本克己『古代日本語母音論』(ひつじ書房，1995)
10) 湯澤質幸・松崎　寛『音声・音韻探究法』(朝倉書店，2004)

第2章　「先生，それは散ってます。」─子音：タイ人学習者─

【音声・音韻2】

キーワード：子音，母語の干渉，調音位置，調音方法，破摩音，摩擦音，清音，濁音，仮名遣い，四つ仮名，『蜆縮涼鼓集（けんしゅくりょうこしゅう）』

1. 人を見て，法を説け。─母語の干渉─

　日本語学習者は，それぞれの母語の使用者でもある。学習者の話す日本語が母語の影響を受けるのは当然のことで，これを回避することは不可能である。日本語教師は，学習者の母語の特性を知っておく必要がある。母語の影響が日本語学習に悪影響を及ぼすことを，特に，「母語の干渉」という。

　タイ人の留学生の名前を覚えるのは一苦労である。マリー・ケオマ・ノータムなどは覚え易い方で，マリーさんと言えばよいのだが，多くの場合，このようには行かない。タイ人同士でも同様であるようだ。そこで実際は愛称を多用するという。

　「チッチェ」という愛称を有する学生がいた。どういう意味かと尋ねると，「おしゃべりさん」という意味だとニッコリ笑って教えてくれた。彼女の日本語能力は相当なもので，それには，「おしゃべり」能力が関与しているのだと納得した。

　そのチッチェさんがある時，「先生，それは散ってます。」という表現をして，私を驚かせてくれた。彼女は，文法，具体的には日本語の助詞，ハとガでレポートを書こうとしている優秀な学生であったからである。「それは散ってます。」とは幼児のような話し方ではないか。

　タイ語では破擦音の「チ」と摩擦音の「シ」の区別がない。チッチェさんの間違いは，個人的なものではなく，タイ人学習者に共通するものであった。ちょうど，日本人が英語を学習する際に，[r] と [l] の区別に苦労するように，タ

イ人学習者は日本語の「チ」と「シ」の区別に苦労する。「チ」「シ」の区別が曖昧に成り，逆の誤った形で実現させてしまいがちなのである。

2. 日本語の子音

子音は調音位置と調音方法の二つの軸によって位置付けられる。表1はそのようにして，日本語の子音を位置付けたものである。また，表2は清音音節の直音の仮名の表である。

表1 調音位置と調音方法による子音一覧

	両唇音	歯茎音	歯茎硬口蓋音	硬口蓋音	軟口蓋音	声門音
破裂音	p b	t d			k g	
鼻音	m	n		ɲ	ŋ	
破擦音		ts dz	tɕ dʑ			
弾き音		ɾ				
摩擦音	ɸ	s z	ɕ ʑ	ç		h
接近音	w	ɹ	(そり舌音)ɻ	j	w	
側面接近音		l				

表2 清音音節の直音の仮名の表

ア [a]	イ [i]	ウ [ɯ]	エ [e]	オ [o]
カ [ka]	キ [ki]	ク [kɯ]	ケ [ke]	コ [ko]
サ [sa]	シ [ɕi]	ス [sɯ]	セ [se]	ソ [so]
タ [ta]	チ [tɕi]	ツ [tsɯ]	テ [te]	ト [to]
ナ [na]	ニ [ɲi]	ヌ [nɯ]	ネ [ne]	ノ [no]
ハ [ha]	ヒ [çi]	フ [ɸɯ]	ヘ [he]	ホ [ho]
マ [ma]	ミ [mi]	ム [mɯ]	メ [me]	モ [mo]
ヤ [ja]	(イ)	ユ [ju]	(エ)	ヨ [jo]
ラ [ra]	リ [ri]	ル [rɯ]	レ [re]	ロ [ro]
ワ [wa]	(イ)	(ウ)	(エ)	ヲ [o]

「シ」は摩擦音であるから，舌を平らにして上歯茎に近付け，舌先と上歯茎の狭い空間から音を出せばよい。一方，「チ」は破擦音であるから，舌先を一端上歯茎にくっつけ，素早く放しながら，出来た空間から音を出せばよい。

「チ」「シ」の音声としての相違は明瞭であるから，練習によりマスターできる。問題は，タイ語では「チ」と「シ」の相違により意味が異なるということがないことにある。

　　シル＝知る　　シリ＝尻　　シカ＝鹿　　イシ＝石
　　チル＝散る　　チリ＝塵　　チカ＝地下　イチ＝位置
　　カシ＝菓子　　トシ＝都市
　　カチ＝価値　　トチ＝土地

など，「シ」と「チ」で意味が異なるペアを示し，練習させ，日本語の音韻として自覚させることが必要となる。

3.「地震」は「ジシン」か，「ヂシン」か？―現代仮名遣い―

ところで，清音においては，「シ」と「チ」は意味の区別に役立ち，日本人には自明の音の相違なのであるが，不思議なことに，濁音「ジ」と「ヂ」になると音の区別があやしくなる。その結果，「地震」を「ジシン」と書くべきか，「ヂシン」と書くべきかで悩むことになる。

清音の結果を応用すれば，舌先が上歯茎に近付くだけであれば，「ジシン」，舌先が上歯茎にくっついていれば，「ヂシン」となるはずである。

この作業を日本人学生にさせてみると，

「『ジシン』ですよねえ？」

と，自信なさそうに言う。

「地図」や「地下鉄」の場合は「チ」であるから，同じ字「地」の濁音化と考え，「ヂシン」かと思ってしまう学生もいる。

「大地震」と複合語になると，一層悩ましくなり「オオヂシン」と書く学生が増加してしまう。

現代日本語では，「ジ」と「ヂ」の音声上の相違はない。「ジ」と書いても，「ヂ」と書いても，発音は摩擦音「ジ」の発音をしている。

音が同じで，文字の上だけの書き分けを仮名遣いという。したがって，「ジ」

と「ヂ」は仮名遣いの問題なのである。「ズ」と「ヅ」も同様の現象なので，合わせて説明しておく。

[現代仮名遣い]

① 同音の連呼によって生じた「ぢ」「づ」(「連呼」の「ぢ」「づ」)
　　ちぢみ（縮）　ちぢむ（縮む）　ちぢれる（縮れる）
　　ちぢこまる（縮こまる）
　　つづみ（鼓）　つづら（葛）　つづく（続く）　つづめる（約める）
　　つづる（綴る）

② 二語の連合によって生じた「ぢ」「づ」(「連濁」の「ぢ」「づ」)
　　はなぢ（鼻血）　そえぢ（添乳）　もらいぢち（貰い乳）
　　そこぢから（底力）
　　みかづき（三日月）　たけづつ（竹筒）　たづな（手綱）　ひげづら（髭面）

このようなわけであるから，「地震」の場合，①②にあたらないので，「ジシン」が正しいということになる。

連呼，連濁はもともと，和語の現象であり，「地震」は漢語であるから，基本的に対象外なのである。

4. 四つ仮名の混同―『蜆縮涼鼓集』―

江戸時代以前は，「じ」と「ぢ」，「ず」と「づ」は，意味の識別に役立つ音の区別を反映した文字の相違であった。

　　うじ＝蛆　　　きじ＝雉　　　みず＝見ず　　はず＝筈
　　うぢ＝氏　　　きぢ＝生地　　みづ＝水　　　はづ＝恥づ

このように，音の違いを反映し，意味の識別に役立っていたのであるが，江戸時代初期頃から混同が生じた。この混同を憂慮して書かれた書物が『蜆縮涼鼓集』（鴨東萩父著，元禄8年〔1695年〕成立）なのである。

この本は，「しじみ」（蜆）の「じ」と「ちぢみ」（縮）の「ぢ」，「すずみ」（涼）の「ず」と「つづみ」（鼓）の「づ」は音が異なるとし，それぞれに所属する語を例示し，混同を食い止めようと試みたものであったが，著者の苦心にもかかわらず，四つ仮名は混同され，現代共通語の音としては「じ」「ず」の二音になってしまっている。清音と濁音では体系的に歪みが生じているのである。

■ 発展問題

(1) 次の各文の仮名遣いの誤りを指摘しなさい。
　① どうか少しづつ，教えてください。
　② 手塚薬局（てずかやっきょく）
　③ ドッヂ・ボールの試合をやった。
　④ あいそずかしをされて頭に来た。
　⑤ 議員バッヂを胸に付けた人物

(2) 下線と二重下線を施した文字の発音を比較観察し，音の異同を判定しなさい。
　① お兄さんを待っているのですか？
　② わたしは日本人です。
　③ へちまの棚へ登るな。
　④ おとうさんがビールはうまいと言いました。
　⑤ おとうさんとおおさかへ行きました。

(3) 日本人の愛称の一つに，久子ちゃんを「チャコチャン」としたり，久雄君を「チャーチャン」とするものがある。また，魚を「オチャカナ」という幼児語があったりする。この現象を本章のテーマと関連付けるとどのようなことが言えるか，考えてみよう。

(4) 万葉集巻二，133番，柿本人麻呂の和歌．

笹の葉は	み山もさやに	さやげども	我は妹思ふ	別れ来ぬれば
小竹之葉者	三山毛清尓	乱友	吾物妹思	別来礼婆

この和歌の読み方は，
　ツァツァノファファ　ミヤマモ　ツァヤニ　ツァヤゲドモ　アレファ
　イモオモフ　ワカレキヌレバ
であったとする説がある。万葉集の和歌はすべて漢字で表記されている。なぜ，このような読みであったと推定されているのか，調べてみよう。

■ 参考文献

1) 天沼　寧・大坪一夫・水谷　修『日本語音声学』（くろしお出版，1978）

2) 大木正義「表音的仮名遣い案における社会への配慮」(『大妻国文』28号, 大妻女子大学, 1997)
3) 金田一春彦『日本語音韻の研究』(東京堂出版, 1967)
4) 沢潟久孝他編『万葉集大成』(平凡社, 1953〜1956)
5) 西谷博信「表記の基準と問題点」(『日本語講座5　話しことば書きことば』大修館書店, 1977)
6) 保科孝一『国語問題五十年』(三養書房, 1949)
7) 吉野　忠「現代かなづかいとその問題点」(『続日本文法講座2　表記編』明治書院, 1959)

第3章　「ジレンマってなんですか？」
―外来語・カタカナ語：フランス人学習者―

【文字・表記】

キーワード：外来語，カタカナ語，同表記異義語，平成仮名遣い，バ行音とヴァ行音
文字読み，言葉読み，熟字訓(じゅくじくん)

1. フランス人留学生の痛烈な質問―「ジレンマってなんですか？」―

　10年以上も前のことになるだろうか？　フランスのオルレアンから来た女子学生は，私にいろいろなことを教えてくれた。

　彼女が発した最初の質問は，「日本人はなぜ，水に氷を浮かべて飲むのか？」というものであった。日本の飲み水，水道水は安全であること，冷蔵庫の製氷皿で造った氷も水と同様に安全である旨を伝えたが，的はずれな応答であった。彼女は，虫歯を病んでいて，氷を浮かべた水は歯に凍みるのだと嘆いたのであった。

　第二の質問は，浴室の脱衣所に暖房がないのはなぜかというものであった。宇都宮の冬は厳しい。ホームステイ先の住宅は全館暖房ではなかったようだ。全館暖房の住宅に慣れているフランス人には堪え難いことであったようだ。

　彼女とはアメリカからの留学生を交えて三人で，夏目漱石(なつめそうせき)の『坊つちやん』を読んだ。テキストには文庫本を使用した。アメリカ人は，各ページをA4サイズに拡大コピーして授業に臨んでいたのだが，彼女は文庫本に細かな字を書き込むという方法であった。彼女はこぼしたものである。

　「これで，確実に私の目はいっそう悪くなる。先生，振り仮名ってきついですね。」

　名作『路傍の石』の作者，山本有三(やまもとゆうぞう)（1887～1974）は栃木県出身で，その記念館が栃木市にある。彼もかなり目が悪く，牛乳瓶の底のように分厚い眼鏡を掛けていた。山本は，近眼になったのは，振り仮名のせいだと断定し，終戦後，

参議院議員であった時に，ルビ撲滅のキャンペーンを展開し，当用漢字，現代仮名遣いと三位一体の形で現代のルビなし表記法を定着させた。

　ああ，ここにも，山本有三と同じ意見の持ち主がいると思ったことであった。

　因みに，彼女が書いた『坊っちゃん』についてのレポートの結論は，「坊っちゃんはパリジャンである。」というものであった。

　当時，フランス政府は英語からの外来語を禁止し，コマーシャルなどで英語を使用したら罰金を課すという法律を作ってしまっていた。

　私が，「言葉は法律で取り締まることはできない。フランス政府の決定は言葉の自然に反する愚かな行為だ。」と批判したところ，彼女の反撃は猛烈なものであった。

　英語には，男性名詞，女性名詞の区別がない。英語が入ると文法が濫れる。せっかく，フランス語を学んでも，本家のフランス語が濫れていてはなんにもならない。フランス語を学習してくれる人の為にも，英語の流入は避けねばならない。彼女は偏狭な愛国者ではなかった。

　「それに」と彼女は手厳しく次の反論を展開した。

　「先生，漢字制限ってありますよね。人名漢字などは言葉を法律で取り締まるものではありませんか？」

　私は，反論できなかった。ギャフンというばかりであった。

　言葉についても，彼女は貴重な体験を味わわせてくれた。

　ある時，私はテーブルを拳の背中でコンコンと叩き，「これ，どんな音に聞こえる？」と彼女に尋ねてみた。彼女は，頭をふりながら，「ワカリマセーン。」と答えた。

　意地悪な私は，今度は，拳の腹でやや強めにドンドンと叩き，「今度は，どんな音がする？」と再度尋ねた。彼女の答えはまったく同様で，「チットモ，ワカリマセーン。」というものであった。

　擬声語は模写音と言われるが，模写などしていないと私は発見した。模写であれば，コンコン，またはドンドンに近い答えが，彼女の口から出て来たはずである。擬声語もりっぱな日本語で，学習しなければ決して理解出来ない言葉なのであると思い知らされた。

　ある時，「ジレンマ」という語を使用したところ，聡明な彼女が目を大きく

開きながら,
　「ジレンマってなんですか？」と質問して来た。
　論理学の用語が理解出来ないのだと考えた私は、辞書的意味を説明した。これに対して彼女は一言(ひとこと)、「あっ、ディレンマのことですね。」と答えた。これは完璧過ぎた。この答えは、私を恥じ入らせるに十分であった。彼女はこの時、忘れられない人となった。
　似たようなことは、字音語でもあった。
　「毛沢東」を私は、何疑うこともなく「モータクトー」と日本語読みで発音していたのだが、彼女の理解を得ることはできなかった。彼女は、「Mao-zedong」と発音するのであった。確かに、「モータクトー」なる人物は日本人の頭の中にしか存在しない。あの政治的巨人は「Mao-zedong」として世界的には存在する。

2. 平成仮名遣い―シンク-タンクは頭脳集団？　沈む密閉容器？―

　東京駅と皇居との間のビジネス街に建つビル群の略称は「丸ビル」である。そのビルの入り口にある表札には「丸ノ内ビルヂング」と表記されていた。私はびっくりしてしまった。「ビルディング」ではなかったのだ。
　野球放送を聞いていて、アナウンサーが言った言葉を誤解してしまったこともある。
　「今のは、シンカーでしょうか？」
　この「シンカー」をスポーツ音痴の私は、「新カー」と認識し、新種のカーブと誤解してしまったのだ。「沈む球」だったら、「スィンカー」と発音してくれ、と文句の一つも言いたかった。
　日本語の子音は、第2章で紹介したように、種類が多くはない。子音が豊富な英語や中国語などをカタカナ語化すると同表記異義語が増加し困ったことが起きる。
　この不便さを少しでも解消しようとして、平成3年度（1992年）に「外来語の表記」が内閣告示の形で発表されている。（表4参照）
　第1表は「外来語や外国の地名・人名を書き表すのに一般的に用いる仮名」で、従来は、第1表に示されたものだけが、公文書や教科書で許されていた仮名で

表3

英語	カタカナ語	意味
best	ベスト	最良，最善
vest	ベスト	上着の下に着る男性用チョッキ
lice	ライス	シラミ（虱）
rice	ライス	米・御飯
think	シンク	考える
sink	シンク	沈む

ある。したがって，従来は，violin や viola も「バイオリン」「ビオラ」などと表記されていた。平成3年度の内閣告示の特徴は，第2表が追加されたところにある。

　第2表は「外来語や外国の地名・人名を原音や原つづりになるべく近く書き表そうとする場合に用いる仮名」である。

　この表により，violin を「ヴァイオリン」，viola を「ヴィオラ」と表記できるようになった。

　さらに，「留意事項」として，「第1表，第2表に示す仮名では書き表せないような，特別な音の書き表し方については，ここでは取り決めを行わず，自由とする」とし，「留意事項その1」に「スィ・ズィ・グィ・グェ・グォ・キェ・ニェ・ヒェ・フォ・ヴョ」などが例示されている。

　この「留意事項その1」により，think は「シンク」，sink は「スィンク」と書き分けられるようになった。

　平成仮名遣いにより，同表記異義語の問題はかなり解消されたのだが，liceとriceの問題は依然解消されていない。さらに重要なことは，平成仮名遣いが新たなる問題を現代日本語にもたらしてしまったことである。

3.「ボランティア」と「ヴォランティア」——日本語を書くのに外国語の知識が必要？——

　平成仮名遣いの出現により，[b] は「バビブベボ」と [v] は「ヴァヴィヴヴェヴォ」のように書き分けが可能になったのは進歩，改善のように考えられがち

表4 「外来語の表記」

第1表								
					ン（撥音）			
ア	イ	ウ	エ	オ	ッ（促音）			
カ	キ	ク	ケ	コ	ー（長音符号）			
サ	シ	ス	セ	ソ				
タ	チ	ツ	テ	ト			シェ	
ナ	ニ	ヌ	ネ	ノ			チェ	
ハ	ヒ	フ	ヘ	ホ	ツァ		ツェ	ツォ
マ	ミ	ム	メ	モ		ティ		
ヤ		ユ		ヨ	ファ	フィ	フェ	フォ
ラ	リ	ル	レ	ロ			ジェ	
ワ						ディ		
ガ	ギ	グ	ゲ	ゴ		デュ		
ザ	ジ	ズ	ゼ	ゾ				
ダ			デ	ド				
バ	ビ	ブ	ベ	ボ				
パ	ピ	プ	ペ	ポ				

			第2表		
			イェ		
		ウィ		ウェ	ウォ
	クァ	クィ		クェ	クォ
		ツィ			
			トゥ		
	グァ				
			ドゥ		
	ヴァ	ヴィ	ヴ	ヴェ	ヴォ
			テュ		
			フュ		
			ヴュ		

キャ　キュ　キョ
シャ　シュ　ショ
チャ　チュ　チョ
ニャ　ニュ　ニョ
ヒャ　ヒュ　ヒョ
ミャ　ミュ　ミョ
リャ　リュ　リョ
ギャ　ギュ　ギョ
ジャ　ジュ　ジョ
ビャ　ビュ　ビョ
ピャ　ピュ　ピョ

であるが，そう喜んでばかりいるわけにはいかない。実は，このことが深刻な問題を日本語教育にもたらしてしまったのである。

例えば，志願者，奉仕者を意味するカタカナ語「ボランティア」の原語はvolunteerである。そこで，英語に習熟している人は，この語を「ヴォランティア」と表記する。その結果，「ボランティア」が正しいのか，「ヴォランティア」

が正しいのかということになってしまう。
　辞書形は「ボランティア」であるが，平成仮名遣いによれば，「ヴォランティア」に軍配が上がるということなのだ。

表5

ヴァカンス	バカンス	vacances（フランス語）
ヴィオラ	ビオラ	viola（イタリア語）
セヴンイレヴン	セブンイレブン	seven-eleven（英語）
ベートーヴェン	ベートーベン	Beethoven（ドイツ語）
ヴォルガの舟唄	ボルガの舟唄	Volga（ロシア語）

＊　二重下線を施したものが辞書形。

　バ行かヴァ行かということを問題にすることは，果たして，日本語教育の領域に属することなのかどうか。日本語の表記の決定権をフランス語やイタリア語，英語，ドイツ語，ロシア語等に委ねることは正しいことなのかということ等が問題となるのである。
　第二の問題は，ヴァ行表記がなされている場合，これらを［v］で発音しているかという問題である。

表6

ヴァージニア	バージニア	Virginia（英語）
ヴァイキング	バイキング	Viking（英語）
ヴィーナス	ビーナス	Venus（英語）
ヴィールス	ビールス	virus（ドイツ語）
ヴェガ	ベガ	Vega（ラテン語）
ヴェーダ	ベーダ	Veda（英語）
ヴォルタ	ボルタ	Volta（イタリア語）

＊　二重下線を施したものが辞書形。

　「ヴァージニア・ヴィールス・ヴェーダ」の「ヴ」は原語の［v］を反映したもので，かつ辞書形であるが，私たち日本人がこれらを［v］で発音しているとは考えられない。音声に支えられない表記は危うい。おそらく，ヴァ行表記が日本語に定着することは永遠にないことであろう。なぜならば，日本語史

における顕著な事実の一つに「唇音退化の法則」というものがあり，ヴァ行音はこの法則に抵触するからである．

結論として，平成仮名遣いがあるにもかかわらず，ヴァ行表記は日本語教育では採用しない方が賢明ということになる．

■ 発展問題

(1) 野球選手松井秀喜(まついひでき)の英語的表記は，「Hideki Matsui」である．私たち日本人が，これを読めば，「ヒデキ　マツイ」となる．なぜならば，私たちは「松井秀喜」という固有名詞をすでに，承知しているからである．ところが，こういう日本人名に馴染(なじ)みのない，ニューヨーク-ヤンキーススタジアムのアナウンサーは，「ハイデッキ　マツイ」と場内アナウンスするのだそうだ．

　ローマ字表記は表音的表記とされるが，必ずしも表音的ではない．アナウンサーは，「Hi-deki」あるいは「Hide-ki」と分節し，部分的に英語読みしてしまっている．ローマ字は表音文字と称することができるか否か考えなさい．

(2) 「遠浅の海」を「エンアサノウミ」と読んだ小学生がいた．海無し県に住むその少年は「遠浅(とおあさ)」という言葉を知らず，「遠藤君の遠(えんどう)」，「浅野君の浅(あさの)」を組み合わせて読んだのだそうだ．言葉を知らないと正しい読みは実現しない．

　読みには，表記しようとしたであろう言葉を推定して読む「言葉読み」と表記されている文字から可能な読みを選び取って読む「文字読み」とがある．次の各組で，言葉読みされているのはどちらか判定しなさい．

① 日本　　　A ニッポン　　　　B ニホン
② 合点　　　A ガッテン　　　　B ガテン
③ 文字　　　A モンジ　　　　　B モジ
④ 法華経　　A ホッケキョウ　　B ホケキョウ
⑤ USA　　　A ユーエスエー　　B ユナイテッド・ステーツ・オブ・アメリカ

(3) 熟字訓(じゅくじくん)とされるものである．読み方を書き，熟字訓は文字読みか言葉読みか判定しなさい．

①　紫陽花
②　向日葵
③　鬱金香
④　金糸雀
⑤　雑魚

(4)「生」の部分の読み方を書きなさい。これらの例から，漢字の読み方について，どのようなことが言えるか考えてみなさい。
①　生糸・生蕎麦・生薬
②　生菓子・生首・生返事
③　生き肝・生き写し・生き埋め
④　埴生・蓬生・園生
⑤　芥生・粟生・芝生
⑥　生徒・生活・蘇生
⑦　生涯・生国・一生

■ 参考文献

1) 犬飼　隆『文字・表記探究法』（朝倉書店，2002）
2) 金田一春彦『日本語セミナー2』（筑摩書房，1982）
3) 金田一春彦『日本語　新版（上）』（岩波書店，1988）
4) 河野六郎「文字の本質」(『岩波講座日本語8　文字』岩波書店，1977）
5) 服部四郎『言語学の方法』（岩波書店，1960）
6) 森田富美子「現代仮名遣い」(『講座日本語と日本語教育8』明治書院，1989）
7) 山内育男「かなづかいの歴史」(『講座国語史2』大修館書店，1973）
8) 湯澤質幸・松崎　寛『音声・音韻探究法』（朝倉書店，2004）

第4章 「風□窓□開□た。」は「風ガ窓ヲ開ケた。」か，「風デ窓ガ開イた。」か？
―自動詞・他動詞・陳述単語説批判：チェコ人学習者―

【文法1】

キーワード：無意志動詞，意志動詞，現象叙述文，状態叙述文，行為叙述文，自動詞，他動詞，音素，音節，アクセント，語，文，イントネーション，符号，一語文

1. 無意志動詞・意志動詞と自動詞・他動詞との相違は？―小テスト―

筆者が毎年度前期に開講している日本語論の受講者は，約7割が日本人学生，約3割が外国人留学生である。毎回授業の冒頭において，導入として小テストを課すことにしている。日本人学生と留学生とは日本語の習熟度が極端に異なるので，応答の相違が楽しみなのである。

> 次の文の□の中に，平仮名を一つ書き入れ，文として完成させなさい。
> 風□窓□開□た。

これが，平成17年度前期第一回講義の小テストであった。結果は下記のとおりであった。

A 風で窓が開いた。　　日本人学生32名（53.3%）　留学生6名（10 %）
B 風が窓を開けた。　　日本人学生12名（20 %）　留学生6名（10 %）
C 風で窓を開けた。　　　　　　　　　　　　　　留学生2名（ 3.3%）
D 風が窓を開いた。　　　　　　　　　　　　　　留学生2名（ 3.3%）

日本人学生だけに限定してみると，72.7%の学生がAの無意志動詞文を完成させている。日本語としては，無意志動詞文が自然な文なのである。

日本人学生の中には，祖母がいわゆる中国残留孤児であったため，小学校の二年生の時に来日したという者もいるが，その彼女もちゃんとAと答えていた。

日本語はある事態を叙述する際，自然現象として表現する傾向が強い。その

結果，無意志動詞文が多くなる。

無意志動詞文は現象叙述文，状態叙述文という言い方もできる。

日本人学生でBの意志動詞文を完成させた者は，文は主語から始まり，主語と述語からなるという英語的発想を内部に保持している者たちなのであろう。

あるいは，詩人的要素を多分に内包している者なのかも知れない。「風が窓を開けた。」という表現は，「風」の意志を前提とした表現で，日本語では擬人法というレトリカルな表現になってしまう。

意志動詞文は行為叙述文という言い方もできる。

CやDの文を完成させたのは留学生で，日本語能力がいまだ十分でない者たちであった。

チェコのパラツキー大学は筆者の勤務する大学と交流協定を結んでいる姉妹校であり，毎年2〜3名の学生が交換留学生としてやってくる。2006年度に来た交換留学生の一人は2メートルを超す長身で，バッタのように長い脚をもてあましていた。

彼は，迷うこと無くBの意志動詞文を完成させている。チェコのパラツキー大学に限らず，ブルガリアのソフィア大学から来た学生もそうであったが，言語学の基礎的訓練を受けている。そのため受講後の質問は，専門的なものが多く，手応え十分な反応を示してくれる。

脚長君は，「先生，無意志動詞文，意志動詞文と説明なさいましたが，なぜ，自動詞文，他動詞文という用語を使用なさらないのですか？」と尋ねてきた。さすが，パラツキーと思いつつ，「自動詞，他動詞と当然のように使っているけれども，自動詞，他動詞とはなにかということがはっきりしていないんだ。だから，これらの用語は危なくて使用できないのです。」と答えた。

以下，次節において，これに対する答えの概要を紹介する。

2.「打つ」は他動詞か？ ─自動詞，他動詞の定義への疑問─

最新の国語辞典で，世評の高い『明鏡国語辞典』（北原保雄編，大修館書店，2003）の「打つ」という動詞項目を検索すると図8のようになっている。

16の意味ブランチ，11の「語法」による解説，「表記」における「打・撃・討」

の区別，さらに，「拍・搏・撲・伐・射」等の区別などの説明，類書と比較すると抜群の詳説ぶり，親切さである。特に，「表記」の解説は，ワープロ時代を意識したもので，親切な記述をモットーとする本書の特徴をよく表しているといってよい。

ところで，冒頭において，「他動詞」と記述しているのであるが，これは正しい扱いなのであろうか。

例えば，次のような記述には疑問が残る。

②（エ）時計が音を立てて時を知らせる。時を作る。「時計が十時を――」
④雨・風・波などが物に激しく当たる。「波が岸壁を――」「滝水に――・たれて修行する」「雷に――・たれて死ぬ」
⑤感動させる。また，強く刺激する。射る。「迫真の演技が観客を――」「献身的な愛情に心を――・たれる」「臭気が鼻を――」
⑭みずからを前方に打ちつけるような動作をして，その動作や状態を作り出す。また，刀などを打ち鍛えて反りをもたせる。「寝返り［もんどり］を――」「黒髪が波を」「雪崩を――・って攻め寄せる」「刀が反りを――」
⑮心臓が規則的な動き（＝拍動）をくりかえして，脈拍を生み出す。「動悸を――」

これらの例は，いずれも現象叙述文，状態叙述文であり，これらの「打つ」を「他動詞」と認定することは誤りなのではなかろうか？

特に，④の語義解説は「雨・風・波などが物に激しく<u>当たる</u>。」とあり，「当たる」という「自動詞」で表現されている。このブランチがなぜ「他動詞」でなければならないのか，あるいは，執筆者自身，自動詞・他動詞の区別が曖昧になっているのではないかと疑われてくるのである。

そもそも，「打つ」の16の意味ブランチを羅列して，「他動詞」のもとに一括して記述すること自体が無理が感じられる。最初に，動作動詞用法としての「打つ」（他動詞）と状態動詞用法としての「打つ」（自動詞）に大別し，それぞれ下位のブランチを記述するという立体的記述を心がければすっきりしたものになったろう。最初に，自動詞・他動詞の区別をしてしまうのは，この辞書に限

26　第4章　「風□窓□開□た。」は「風ガ窓ヲ開ケた。」か，「風デ窓ガ開イた。」か？

う・つ【打つ・撃つ・討つ】[他五] ❶㋐手・棒・むちなどで瞬間的に強く当てる。また、物と物とを強くたたき合わせる。「鍬で田を—」「太鼓を—」「同慶の至りと膝を—」「鉄は熱いうちに—」「肩を—って喜ぶ」「手を—って誤って物に体を強く当てる。「机の角で頭を—」㋑異なり受身を作らない。❷㋐打つような動作をして、ある（目立つ）状態を作り出す。「ホームラン」「スパイク・ボギー」を作り出す。❸㋑材料・素材などを打ち出す。「能面」刀・そば」を作る。「手の」⑦記号や番号などを書きつける。「事件にピリオドを—」㋓野心作の欠点を指摘する。⑪時計が音を立てて時を知らせる。「時計が十時を—」㋔〈身体部分〉をとる。

❷㋐打って文字を打ち出したり原稿を作ったりする。「ワープロで漢字、メール」を—」「ワープロに」は、打って「ホームラン」という結果を作り出す意で打つ。その「ワープロ」とは「ワープロで作った「村の鍛冶屋」「この資料は自分でワープロで—」①⑦の「キーを打つ（=「キー」そのものを打つ」と②⑦の「漢字を打つ（=「ボール」そのものを作る」「ワープロを打つ」とは区別される。

❸打つような動作をして、キーをたたいたりワープロなどの器具をたたいて文字を打ち出したりする。また、そのようにしてワープロなどの器械を操作する。特に、キーをたたくこと。②⑦の「キーを打つ（=「キー」そのものを打つ」と②⑦の「漢字を打つ（=「ボール」そのものを作る」「ワープロを打つ」とは区別される。

❹打つことによって打つ「一」⑦の「ボール」という道具を使ったく、②④の「ホームランを打つ」という結果を作り出すとは異なり、打つ動作をして、❹の「結果」をとる。❺⑦「キー」を—」㋑〈道具〉を「—」⑦は〜ヲに〈結果〉をとる。

❸感動させる。また、強く刺激する。射る。「迫真の演技が観客を—」「献身的な愛情に心を—たれる」❹㋐臭気が鼻を—」ある物の中に入れる。打ち込む。「土に杭—」「出る杭は—たれる」㋑治療で針などを体に刺す。特に、注射器で薬を体内に入れる。「腰に鍼を—」「右腕に点滴を—」❺前方にほうり投げるような動作をする。「—網を打つ」「庭に水を—」「型枠にコンクリートを—流し込む」❻バスケットボール・サッカーで、得点するためにスケット（ゴール）に向かってボールを投げる（打ち）。「シュートを—」❼❹は〜ヲに〈結果〉をとる。

❼罪人などに縄をかけて動けなくする。「縄を—」㋑計画などを実行する。ある手段・方策を講じる。「先手を—」「逃げの一手」打開に手はないのか」「不況打開に手を—」❽契約成立時に手金を—」とる。

❽博打などをして遊ぶ。「博打「マージャン」を—」❹は〜ヲに〈結果〉をとる。

❾㋐囲碁で盤面に石を置く。また、取り上げた駒などを盤面に置く。囲碁をする。「碁を—」㋑▽石を打ち下ろして戦うことからいう。❹は〜ヲに〈結果〉をとる。

❿㋐〜ヲに〈役割〉をとる。⑦の「番を—」「議長を務める。「四番を—」⑭⑦の「ボールを打つ」とも異なり、②⑦の「ホームランを打つ」などと異なり、野球の打撃で、その打率の成績を上げる。「三割を—」❹は〜ヲに〈結果〉をとる。

⓮みずから状態を前方に打ちつけるような動作をする。また、刀などを打ち鍛える意で、「寝返り「もんどり」を—」「雨・風・波などが物に激しく当たる。「波が岸壁に—たれて死ぬ」「雪崩打って攻め寄せる」「刀が反りを打ってもをきたきえる意で、「黒髪がぬ」「雨・風・波などが物に激しく当たる。「波が岸壁に—たれて修行する」「雷に—たれて死ぬ」

⓯心臓が規則的な動き（＝拍動）をくりかえして、脈拍を生み出す。「動悸を—」「脈拍を—」❹は〜ヲに〈結果〉をとる。

⓰㋐弾丸を発射して目標物に当てる。射撃する。発射する。発砲する。「ピストルで標的を—」㋑銃器を使って弾丸を発射する。「大砲を—」㋒〈対象〉をとる。❹は〜ヲに〈結果〉をとる。❹は〜ヲに〈道具〉をとる。

⓱敵を攻め滅ぼす。倒す。やっつける。「宿敵を—」負かす。

⓲野球で、相手の投手を激しく攻める。「主戦投手を—」→⓬

[表記]（1）「打」は広く一般に使う。「撃」は⓯に、「搏」は⑴に使う。（2）「相手を拍つ（＝たたく）」、「平手で撲つ」、「撲つ」とも書く。「臭気鼻を拍つ（＝ただよう）」、今は「打つ」と書く。（3）「敵国を征つ」「宿敵を伐つ」など、今は「討つ」と書く。「可能」打てる「宿敵なら打てる」「ワープロ〜ヲに〈結果〉をとる」「打つ」と同じように使うこともあるが、「撃つ」の「射つ」「伐つ」「討つ」の意を強めていう。一般的に「打って一丸となる「全員（が）！って事に当たる」

図8

らず従来の国語辞書の記述方法ではあるが，こういう動詞項目記述の枠組み自体に問題があるということになる。

　自動詞，他動詞は二者択一方式でなければならない。自動詞でなければ他動詞，他動詞でなければ自動詞というように。

　そもそも「自動詞・他動詞」という用語は英文法から借り入れたものである。
　　自動詞 = intransitive verb　［略］vi, v. i.　直接目的語を要求しない。
　　他動詞 = transitive verb　　［略］vt, v. t.　直接目的語を要求する。

　英語では，まず，「直接目的語を要求するかしないか」の一点で，自動詞，他動詞を区別する。また，構文的には受動文を作るものを他動詞，作らないものを自動詞とする。実に，明快である。そして，この区別は，文型を指示し，前置詞の在り方も指示する等，動詞の分類にとどまらず，英文を生成する上で有効な情報を与えるものとなっている。

　日本語では，本来，目的語などの補足語はオプショナルな要素で必須の要素ではない。そのため「直接目的語」という基準を仮に設けたとしても，それが自明の基準とはなりえないのである。

　次に，「雨に降られる」「父に死なれる」など，いわゆる自動詞による受動文，「迷惑の受け身」等の表現があり，英語の有する区別の明快性が存在しないのである。

　こういうわけで，自動詞，他動詞には明快な定義が存在しないし，日本語の動詞の実態をなんら伝えるものとなっていないのであるから，学習者に無駄な努力を強いるだけの自動詞・他動詞という用語は日本語教育では使用しない方がよいのである。

3.「先生，陳述ってなんですか？」―陳述単語説批判―

　日本語論の講義において，文の定義に及んだ際，脚長君は講義の途中にもかかわらず，「先生，叙述・陳述の陳述ってなんですか？」と質問した。不透明な用語をそのままに，うち置いては，理解困難，一時間が無駄に成ると感じたのであろう。

　以下，その日の講義の要点である。

　日本語の品詞を，名詞・形容詞・動詞・副詞・接続詞・感動詞・助詞・助動

28　第4章　「風□窓□開□た。」は「風ガ窓ヲ開ケた。」か，「風デ窓ガ開イた。」か？

詞の8品詞とするか，この他に，代名詞・連体詞・形容動詞を認め11品詞とするか等の相違はあるものの，従来のすべての文法学説は文字化できる単語のみを文法学の対象としてきた。しかし，このような学説はもはや命運が尽きている。

　従来の文法学説は符号を考察の対象としてこなかった。その結果，「文」の定義に失敗している。「文」の定義に失敗した文法学説はその成立根拠を喪失したものなのである。

　音声言語においては，語または句の直後に置かれるイントネーションにより文は完結する。いわゆる，陳述とはこのイントネーションのことである。上昇イントネーションは疑問文であることを示し，聞き手に発話行為を促し，下降イントネーションは話し手の表現行為の一端の中止，または終止を意味する。したがって，音声言語においては，文は，分節音とイントネーションにより構成され，イントネーションにより完結すると言うことができる。

　書記言語においては，文字または文字連続の直後に付される句点，疑問符，感嘆符などの符号により文は完結する。陳述とはこれらの符号のことである。疑問符は上昇イントネーションに相当し，句点は下降イントネーションに相当する。したがって，書記言語においては，文は文字と符号により構成され，符号により完結すると言うことができる。

　概ね，このような解説で，脚長君は納得してくれた。彼は，さらに「これは

表7　言語表現の階層

		レベル	構成要素	表記	意味	意図
第一段階	ame	音素	音素	音素記号	不明	ナシ
第二段階	アメ	音節	音素＋拍	文字（カタカナ）	不明	ナシ
	あめ	音節	音素＋拍	文字（ひらがな）	不明	ナシ
第三段階	飴	語	音節＋アクセント	文字（漢字）	一義	ナシ
	雨	語	音節＋アクセント	文字（漢字）	一義	ナシ
第四段階	飴？	文	音節＋アクセント＋イントネーション	文字（漢字）＋符号	一義	アリ
	雨。	文	音節＋アクセント＋イントネーション	文字（漢字）＋符号	一義	アリ

誰の説ですか？」と追い討ちを掛けてきた。
「金田一春彦氏（きんだいちはるひこ）(1913～2005)がこれに近いことをおっしゃっているのですが，文法論の中に位置付けることはしていません。また，渡辺　実氏（わたなべ　みのる）(1926～　)は一語文の陳述については，『無統叙陳述』という言い方をしていますが，多語文の陳述については用言等にありとしていますので，陳述単語説派です。結局，これは小池説ということになります。」

脚長君は目を円くして聴いているだけであった。「陳述イントネーション説」はいずれ定説となるであろうが，その日が来るのはまだだいぶ先のようである。

4. 紫式部は符号を用いたか？　―符号は原稿用を前提とした表記技術の一つ―

この日の出席カードの裏側に脚長君は次のようなつぶやきを感想として記している。
「紫式部（むらさきしきぶ）は源氏物語を書くのに，符号を使ったかなあ？」

これには筆者も唸ってしまった。この一言で，彼も，忘れられない留学生の一人となった。次回の講義で『源氏物語』の影印本をコピーして，符号なしの表記の在り方を提示し，以下の説明を補った。

陳述ということを日本文法の世界に持ち込んだのは，山田孝雄（やまだよしお）(1875～1958)であった。

彼は，「犬！」「川！」という一語文を例として，これらが単語と異なり，「文」となることを指摘し，文にする為の心理作用として，統覚作用の存在を認め，これに「陳述」の術語を与えている。

陳述の発見により，大槻文彦（おおつきふみひこ）(1847～1928)の英文法そっくりの「文ハ主語ト述語トヨリ成ル」という，文の定義から解放され，「文は叙述と陳述とより成る」との定義のもとに，日本語の実態に則した真の文法の研究が始まったのである。

ただ，惜しまれることは，山田が一語文と多語文とで扱いを変えていることである。

一語文を観察する限り，文を完結させるもの，すなわち，陳述の実態がイントネーションであり，表記面では符号であることは火を見るより明らかなので

あるが、この結論を多語文に応用しなかったのである。

山田は多語文における陳述は終助詞や動詞の終止形等にあると誤認してしまっている。この誤りが後の『陳述論争』を引き起こしてしまった。

山田の誤りを、橋本進吉(はしもとしんきち)(1882〜1945)や時枝誠記(ときえだもとき)(1900〜1967)も踏襲し、あきれたことに、前述の渡辺実(わたなべみのる)や仁田義雄(にったよしお)(1946〜)など、今日の研究者たちも引き継いでいるのである。これらの研究者たちは、陳述が単語にあると信じている。そのことは彼らの「終助詞」の扱いに端的に現れている。

たとえば、山田孝雄・橋本進吉の終助詞の定義は次のようなものである。
・山田説　上接語への接続に一定の法則があり、陳述に関係して命令、希望・
　　　　　感動などの意味を表しつつ文を終止させる助詞
・橋本説　言い切りの文節に付き、そこで文が終始する助詞

彼らは、一様に、「終助詞で文は終わる」と述べているのだが、実際の日本語はそうなっていない。

　A　ああ、わかったよ。（意味表明断定文
　　　　　　　　　　　　　「十分理解したから、もうそれ以上言うな」の意。）
　B　ああ、わかったよ？（オーム返し型発言確認疑問文
　　　　　　　　　　　　　『ああ、わかったよ』と言っているのか？」の意。）

確かに、「よ」の後に、いかなる文節音や文字も付加することはできない。文節音や文字表記に限って言えば「よ」で終わるのである。

ただし、分節音や文字による表現は表現内容（山田の用語では「句」）に限ってのものなのである。表現内容だけでは文は完結しない。その表現内容を話し手、書き手がどのような思いで、聞き手、読み手に向かって発しているかという表現意図が明示されなければならないのである。

AとBとでは意味が異なる。したがって、終助詞「よ」で文は完結していない。句点や疑問符が付かないことには文の意味は確定しないからである。よって、陳述は音声言語ではイントネーションにより表され、書記言語では符号で表されると考えるのが正しい。

以上の説明を図式的に表すと次のようになる。

表8

表層形態	ああ，わかったよ	＋	。／？	＝	文
深層表現性質	表現内容	＋	表現意図	＝	文
文法用語	叙述	＋	陳述	＝	文
音声言語	分節音	＋	イントネーション	＝	文
書記言語	文字	＋	符号	＝	文

ところで，句点，疑問符，感嘆符などの符号は明治以降，原稿用紙の普及とともに定着したもので，原稿用紙を前提としたものである。したがって，原稿用紙を使用しなかった平安時代，紫式部はこれらの符号を使用したくても使用出来なかった。影印本には句点も疑問符も存在しない。

では，文は符号で終わるという説は成立しないのかというとそうではない。

書記言語は言語のすべてを可視的にしているわけではない。平安時代の表記では句読点のみならず，濁音や撥音，促音も表記されなかったのである。無いから無いというのは単純過ぎる議論である。紫式部は書きたくても書けなかったと考えるべきであろう。

肝心なことは，陳述は文字という分節音を可視化したものには存在しないということなのである。このことは，古典語も現代日本語と同様であったはずである。

紫式部や清少納言（せいしょうなごん）も「笑ふ。」と「笑ふ？」は恐らく区別していたろう。区別しなければ，日本語としてのコミュニケーションが不可能であるからだ。

なお，「終助詞で文は完結する」という説明は，現行の小・中学校の教科書でもなされている。

日本の学校では，実際の日本語とは矛盾することを平然と教えていることになる。「文法に信を置かない」児童・生徒が出てくるのも当然のことである。学校文法は，役に立たないばかりか，日本語の真実の姿を隠してしまうという害を流すことさえやっている。

5. 「陳述」は構文論（syntax）の概念か，語用論（pragmatics）の概念か？

前節までの議論で，文末のイントネーションが文の成立に関与することは確かなことであることが理解されたことと思うが，ここで，根本的な問題を論じ

て置く。

A　ああ，わかったよ。
B　ああ，わかったよ？

「。」「？」は表現内容を構成する個々の語には関与しないということである。文法，構文論は構成する語の配列順序に関するものであるが，イントネーションの在り方は個々の語の配列順序とは関係しないのである。とすると，イントネーション・符号は語と同列，同レベルの要素ではないということになる。

イントネーション・符号は構文論ではなく，語用論に属する概念なのである。

不思議なことであるが，言語の要素を規定するには常に問題とする言語要素の一段階上のレベルの要素を持ち込まないと規定できない。

ある音声グループが音韻としてのまとまりをなすと認められるか否かは，一段階上の「語」の概念を持ち込まないと判定できない。「働き」が動詞の連用形か，名詞なのかという語としての判定は，一段階上の「文」における在り方を待たなければ決定できない。

構文論の一段階上は語用論である。イントネーション・符号は語用論のレベルの用語なのであるが，これが文の成立に関与するのはこういう言語単位の特殊な在り方に起因する。

陳述は語用論の概念であるが，構文論の基本単位である「文」の成立に関与する。

■ 発展問題

(1)「打つ」は一般に「他動詞」とされている。（　）内の受動文の在り方を観察し，これらの「打つ」の異同について考えなさい。

　① バットでボールを打つ。　　　（ボールがバットで打たれる。）
　② 柱の角で頭を打つ。　　　　　（＊柱の角で頭が打たれる。）
　③ 手を打って喜ぶ。　　　　　　（＊手が打たれて，喜びが表された。）
　④ 時計が三時を打った。　　　　（＊時計により三時が打たれた。）
　⑤ 波が岸壁を打つ。　　　　　　（＊波に岸壁が打たれた。）
　⑥ 寝返りを打つ。　　　　　　　（頻繁に寝返りを打たれると寝ていられないよ。）

⑦　動悸を打つ。　　　　　（＊動悸が打たれる。）
　　＊は非文のマーク。

(2) A～E群の動詞について，①②の作業をしなさい。
　　A　建てる・掘る
　　B　走る・降る
　　C　ある・見える
　　D　読める・できる
　　E　研究する・する
　　①　受動文を作ることができるか？
　　②　作られた受動文は直接的受動文か，間接的受動文（迷惑の受け身）か？

(3) 次の男女の会話を発音し，どのような場面での会話か説明しなさい。また，符号を使用せずに，同様の意味を表すには，表現をどのように変える必要があるか考えなさい。

　　　女　「雨！」
　　　男　「雨？」
　　　女　「雨。」
　　　男　「雨……。」

(4) シェイクスピアの作品『マクベス』において，マクベスとマクベス夫人の間で次のような会話がなされる。

　　　Macb.　　If we shoud fail?
　　　Lady M.　We fail.　　── Act I, Scene vii

この会話について，夏目漱石は次のように講義している。

　　名優 Mrs. Siddons といふのは殊に Lady Macbeth を扮するに妙を得た人ですが，この女が此 We fail といふ一句を三様に言分けたといふ。一つは We fail? と interrogation になるので，一つは We fail! と exclamation，もう一つは平らかに We fail. として period で終るのです。第一のはやや contempt の意がある。第二のは重々しく，第三の軽いの

は If we fail, we fail. といふ一個の諺があるのを其のまま用ゐたのであらうといふ。三つの中どれでも宜しい，気に入ったのをお採りなさい。一寸私も三様に分けて読んでお聴かせ申したいが，私なんかの読み様では何にもならない。fail するといけないから，先づ御免を蒙りませう。

We fail？
We fail！
We fail.

三種類の読み方が可能と言うことは，英語でも「文字＋符号」で文が成立するということを意味すると考えられる。「We fail？」という表現が実際に可能なことなのかどうか確認しなさい。

■ 参考文献

1) 大久保忠利『日本文法陳述論』（明治書院，1968）
2) 尾上圭介「文をどう見たか―述語論の学史的展開―」（『日本語学』15巻9号，明治書院，1996）
3) 金谷武洋『英語にも主語はなかった―日本語文法から言語千年史へ―』（講談社メチエ，講談社，2004）
4) 川島幸希『英語教師　夏目漱石』（新潮選書，新潮社，2000）
5) 金田一春彦「ことばの旋律」（『国語学』5輯，武蔵野書院，1950）
6) 小池清治『日本語はどんな言語か』（ちくま新書，筑摩書房，1994）
7) 小池清治『現代日本語文法入門』（ちくま学芸文庫，筑摩書房，1997）
8) 小池清治・赤羽根義章『文法探究法』（朝倉書店，2002）
9) 国立国語研究所編『動詞・形容詞問題語用例集』（秀英出版，1971）
10) 国立国語研究所編『動詞の意味・用法の記述的研究』（秀英出版，1972）
11) 島田昌彦『国語における自動詞と他動詞』（明治書院，1979）
12) 須賀一好・早津恵美子編『動詞の自他』（ひつじ書房，1995）
13) 田中章夫「終助詞と間投助詞」（『品詞別日本文法講座　助詞』明治書院，1973）
14) 時枝誠記『日本文法口語篇』（岩波書店，1950）
15) 西尾寅弥『現代語彙の研究』（明治書院，1988）
16) 仁田義雄『日本語のモダリティと人称』（ひつじ書房，1991）
17) 仁田義雄『ある近代日本文法研究史』（和泉書院，2005）
18) 橋本進吉『改制新文典別記』（冨山房，1938）
19) 宮島達夫「〈ことばの相談室〉　自動詞と他動詞」（『言語生活』290号，筑摩書房，1975）
20) 山田孝雄『日本文法論』（宝文館出版，1908）
21) 渡辺　実『国語構文論』（塙書房，1971）

第5章 「私はキツネ。」─ウナギ文・省略表現：中国人学習者─

【文法2】

キーワード：指示的意味，文化的意味，ウナギ文，省略文，題説構文，完全文，同定文，近接文，高文脈言語

1.「なぜ，お土産屋に梟の置物が多いのですか？」─返答に窮すること─

留学生からの質問にどう答えたらよいものかと返答に窮することがよくある。

Q1　なぜ，国際交流会館にはカラスが多いのですか？
Q2　なぜ，日本人学生は「流星群，流星群」て大騒ぎするんですか？
Q3　なぜ，お土産屋に梟の置物が多いのですか？

黒いカラス，アーアーと陰気に鳴き喚くカラスは不吉な鳥とされている。生憎なことに留学生の多くが居住する国際交流会館の近辺にはカラスが特に多い。留学早々，「アーアー」と鳴き喚かれては，なにか呪われているのではないかと不安に襲われるのであろう。

筆者の勤務する大学の農学部にはカラスの研究で有名な教授がいる。カラスの弱点は目にあり，黄色のビニール袋に入れて，ゴミを出すと，カラスは見えないため，食い荒らすことをしないという研究成果を発表している。Q1の質問は，そのことを意識した質問であろう。

Q1の質問に対する答えは，ゴミの分別処理の方法の指導で終り，日本語教育とは直接的には関係しない。

Q2，Q3は異文化間コミュニケーションの問題に関連する。「流星」や「梟」の有する指示的意味は日本も中国も同じだが，文化的意味が日本と中国とでは異なるからである。

「流星」は「奔星」とも言い，中国では不吉なもの，凶兆とされている。人

の死や災害の予兆とされてきた。従来は、日本においても同様であったのであるが、最近はヨーロッパ文化の影響で、「星が流れる短い時間になにか願えばその願いは叶う」ということになっている。

獅子座流星群の大接近が話題になった際、日本人女子学生がこれを見ようとして屋上から転落し、死亡したというニュースがあり、Q2の質問になった。

Q3も同様の問題を含んでいる。中国では、梟もカラスと同様に不吉な鳥とされている。その不吉な鳥が観光地のお土産屋の店頭にギョロ目を剥いてぞろぞろ並んでいることに奇異の念を抱いたのであろう。

『白氏文集』巻一・風諭「凶宅」に、次のような一節がある。

　　　長安大宅多シ　列ナリテ街ノ西東ニ在リ　往来朱門ノ内　房廊相対シテ空シ　梟ハ松桂ノ枝ニ鳴キ　狐ハ蘭菊ノ叢ニ蔵ル

中国では昔から梟は不吉で不気味な鳥であったのである。このことは、平安時代の日本人も同様であった。『源氏物語』「浮舟」の巻に、次のような一節がある。

　　　（内舎人）「……いかなる仰せ言にかと、恐れ申しはんべる」と言ふを聞くに、梟の鳴かむよりも、いともの恐ろし。

「内舎人」という薫中納言の使者が留守中の責任者である「右近」という女房を脅しつける場面である。「内舎人」の叱責の声が「右近」の耳には、まるで「梟」の鳴き声であるかのように聞こえたと語っている。平安時代は文化的には中国文化の影響下にあったことがわかる。

現代の日本人は漢詩・漢文を読まない。その結果、梟の文化的意味も忘れられている。では、流星と同様にヨーロッパ的なのかというとそうでもない。ヨーロッパでは「ミネルヴァの梟」の言葉に表されているように、梟は「知恵の象徴」なのである。

お土産屋の店頭にあるのは「知恵」を授かるようにというものではない。単に、「フクロウ」の「フク」（福）にあやかるという駄洒落に起因するものなのであ

る。これぞまさしく日本的なのだ。結納の品としての昆布（よろコブ）や結婚式の膳に添えられる鯛（めでタイ）と同質の洒落なのであった。

このような説明をしたところ、中国人留学生の一人が次の質問をした。

Q4　先生、チューターとお蕎麦屋さんに行った時、「私はキツネ」って、チューターが言ったんです。「キツネ」ってなんですか？　驚いて、顔を見ちゃいました。

前述の白楽天の詩句にあるとおり、狐も不吉な動物であり、霊獣ではない。そのキツネとチューターが名乗ったと思われたのだから、さぞかし驚いたことであろう。

やっと、日本語教育の本流に繋がる質問が出た。これについては、本章の眼目でもあるので節を改めて述べることにする。

2.「私は、キツネ。」―ウナギ文と省略表現―

日本語の基本構文に関する講義の導入として、次の小テストを課した（図9）。

A、Bともに、二コマ目に笑いの仕掛けがある。

Aの母親のことば、「かくしちゃえば？」は省略表現で、四コマ目のように「ブローチで穴をかくすのよ」のように表現すれば、誤解は生じなかったはずである。

Bの先生のことばにも省略がある。「そうしたらしっかりあしをおさえましょう!!」の「あし」は、一コマ目からの流れから見れば、「つくえのあし」であることが明らかなのであるが、コボチャンは「自分のあし」と誤解してしまった。

このような訳で、小テストの正解は、「省略表現が生んだ誤解による笑い」ということになる。

ところで、Aの母親もBの先生も自分たちの発話に省略があるとは意識していない。誤解があるとわかった段階で、省略があったと初めて気付くことであろう。日本人は無意識のうちに、省略表現を多用しているのである。

朝の挨拶、「お早う」も感謝のことば「ありがとう」も省略表現である。

「お早う」は、接頭辞「お」に形容詞「早い」の連用形「早く」のウ音便形が接続し、丁寧語「ございます」が添えられた「お早うございます。」の「ご

次に示す漫画は読売新聞に連載されている「コボちゃん」からのものである。A, B二つの漫画の笑いとしての共通点はなにか。

図9

ざいます」を省略したものである。

　「ありがとう」は、「ありがたい」という形容詞の連用形「ありがたく」のウ音便形に下接するはずの「ございます」または「存じます」が省略されたものである。

　ところが、「お早う」「ありがとう」が省略表現であると意識している日本人はほとんどいない。

　日本語の難しさの大半は省略に由来するものなのである。これは、日本語教育においては、肝に銘じておくべきものである。誤解も漫画のように「笑い」ですめば罪は軽い。しかし、国際社会では「笑い」では済まされないことが多い。心しなければならない。

　文法界で話題にされる「ウナギ文」の本質も実は省略表現である。

奥津敬一郎(1926〜　)は『「ボクハ　ウナギダ」の文法—ダとノ—』において，ウナギ文代動詞説を唱え，次のような仕組みによって，ウナギ文は生ずると説いている。

ボクハ　ウナギ｜ダ
ボクハ　ウナギ｜ヲ食ベル
ボクハ　ウナギ｜ヲ釣ル

「ダ」は「ヲ食ベル」「ヲ釣ル」の部分を代行していると奥津は考えている。しかし，実際のウナギ文は動詞述語文の変換により生じるものばかりではない。

好きな食べ物は？　　ボクハ　西瓜ダ　（ぼくは西瓜が好きだ）
　　　　　　　　　　　　　　　　　　　　　　　　形容動詞文
嫌いな食べ物は？　　ボクハ　梅干シダ（ぼくは梅干しが嫌いだ）
　　　　　　　　　　　　　　　　　　　　　　　　形容動詞文
一番欲しい物は？　　ボクハ　時間ダ　（ぼくは時間が欲しいのだ）
　　　　　　　　　　　　　　　　　　　　　　　　形容詞ノダ文
一番飲みたい物は？　ボクハ　玉露ダ　（ぼくは玉露が飲みたいのだ）
　　　　　　　　　　　　　　　　　　　　　　　　助動詞ノダ文
生まれは？　　　　　ボクハ　東京ダ　（ぼくは東京の生まれだ）
　　　　　　　　　　　　　　　　　　　　　　　　名詞文

奥津説は成立しない。

北原保雄(1936〜　)は「うなぎ文の構造」（『日本語の世界6—日本語の文法—』）や「うなぎ文再考」（『日本語文法の焦点』）において，分裂文変形説を主張している。

　ぼくが　うなぎが　食べたい。
　ぼくが食べたいのは　うなぎだ。
　ぼくののは　うなぎだ。
　ぼくのは　うなぎだ。
　ぼくは　うなぎだ。

複雑過ぎて，一度読んだだけでは頭にはいって来ない。なによりも変形の必

然性を理解しにくい。北原説も成立しない，と考える。

　奥津説，北原説の共通点はウナギ文を構文の問題，シンタックスの問題と捉えているところにある。ウナギ文の実際は，豊かな文脈のもとになされていて，日本人なら誤解しないということである。ウナギ文は構文論の問題ではなく，省略という語用論の問題なのである。

　堀川　昇(1948～　)は「『僕はうなぎだ』型の文について―言葉の省略―」(『実践国文学』24号) において，次のような省略によって生じたものとしている。

　　　僕は　できるのは　数学だ　→　僕は　数学だ

この方が，よほどすっきりとしたエレガントな解説となっている。
ウナギ文は省略によって生じたものなのだ

　　　私は　<u>食べたいのは</u>　キツネ蕎麦よ。
「下線部の省略です。」 Q4に対する答えはこのようなものであった。

3. ウナギ文と題説構文―省略文と完全文，近接文と同定文―

　ところで，ウナギ文の困ったところは，省略文であることが一見してわからないところにある。

　A　僕は　数学だ。
　B　僕は　日本人だ。

　Aはウナギ文で，省略文であるのに対して，Bは「題目部＋解説部」という構造をもった題説構文で，完全文である。

　Aは，文脈に依存した表現で，以下のような多義的文で，ある意味で曖昧な文である。

　　A1　　僕は　できるのは　　数学だ。
　　A2　　僕は　苦手なのは　　数学だ。
　　A3　　僕は　受験するのは　数学だ。
　　A4　　僕は　専門は　　　　数学だ。

ウナギ文の題目部にある「僕」と解説部にある「数学」は，特定の関係にはないが，とにかくなんらかの関係にある。このような関係を近接関係という。ウナギ文は近接文なのである。

　これに対して，Bは，一義的文，文脈に依存しない，自立した文，完全文な

のである。「僕」イコール「日本人」ということを示している。したがって，Bは同定文なのである。近接文か同定文かの一応の見分け方は，ハの前の名詞とハの後の名詞の意味範疇が異なるか否かというところに求められる。

　Aの「僕」と「数学」は意味範疇を異にする。すなわち，「僕」は人間という意味範疇にあり，「数学」は教科目や学問領域という意味範疇にある。このように意味範疇を異にするものはウナギ文，省略文，近接文である。

　一方，Bの「僕」と「日本人」は人間という意味範疇にあり，意味範疇が等しい。Bは題説構文で，自立的文，完全文，同定文と判定できる。

　ただし，この判定基準は「一応」のもので，絶対的ではない。例えば，ハの前が人称代名詞で，ハのあとが固有名詞の場合は，ウナギ文か題説構文かの判定は言語場に委ねられてしまう。

　「僕は　朝青龍だ。」という表現を「朝青龍」自身が述べれば題説構文で完全文となるが，朝青龍以外の人間が発言すれば，ウナギ文となり，「僕は　優勝すると思う力士は　朝青龍だ。」や「僕は　贔屓している力士は　朝青龍だ。」等の意味を表すものになってしまうのである。

　結局，ウナギ文か題説構文かを見分けることも文脈に委ねるほかない。日本語は，この意味でも高文脈言語ということなのである。

■ 発展問題

(1)　中国，北京市西郊に，西太后（せいたいごう）(1835～1908) が「頤和園（いわえん）」と名付けた大庭園がある。この大庭園の建築物の装飾に「蝙蝠（こうもり）」の図案が多用されており，日本人旅行者は奇異の感を抱く。

　中国語で蝙蝠は［bianfeng］と発音され，「遍福」と同音になる。そこで，蝙蝠は人々の幸福の象徴となり，好んで描かれることになる。

　また，「飯館 fanguan」や「菜館 caiguan」などの壁に「𧧄」と書かれた張り紙がよく飾られている。これは「逆様」を意味する中国語「倒 dao」が，「来る」を意味する「到 dao」と同音であることによる洒落なのである。「𧧄」は「来福」を意味している。

　同音異義語を楽しむ言語文化は日本も中国も同じである。このような例をいくつかあげなさい。

また，他の言語でこのようなことが観察されるかどうか調べなさい。

(2) 次の各文が省略文，近接文（ウナギ文）か，完全文，同定文か判定し，ウナギ文の場合，どのような場面での発言で，どういう意味なのか考えなさい。
　① 私は　　お茶。
　② お茶は　私。
　③ お茶は　宇治。
　④ お茶は　三時です。
　⑤ お茶は　ツバキ科の常緑低木です。

(3) 日本語以外にも，ウナギ文があるかどうか調べなさい。

■ 参考文献

1) 奥津敬一郎『「ボクハ　ウナギダ」の文法―ダとノ―』（くろしお出版，1978）
2) 奥津敬一郎「ウナギ文はどこから来たか」（『国語と国文学』58巻5号，東京大学国語国文学会，1981）
3) 尾上圭介「『ぼくはうなぎだ』の文はなぜ成り立つのか」（『国文学　解釈と教材の研究』27巻12号，学燈社，1982）
4) 北原保雄「うなぎ文の構造」（『日本語の世界6―日本語の文法―』中央公論社，1981）
5) 北原保雄「うなぎ文再考」（『文法の焦点』教育出版，1984）
6) 金田一春彦・林　大・柴田　武編『日本語百科大事典』（大修館書店，1988）
7) 小池清治『日本語はどんな言語か』（ちくま新書，筑摩書房，1994）
8) 小池清治・赤羽根義章『文法探究法』（朝倉書店，2002）
9) 小池清治・小林賢次・細川英雄・山口佳也編『日本語表現・文型事典』（朝倉書店，2002）
10) 野田尚史「『うなぎ文』という幻想―省略と「だ」の新しい研究を目指して―」（『国文学　解釈と教材の研究』46巻2号，学燈社，2001）
11) 堀川　昇「『僕はうなぎだ』型の文について―言葉の省略―」（『実践国文学』24号，実践女子大学，1983）

第6章 「NIKKO is NIPPON」をどう訳すか？
―ハとガの相違：アメリカ人学習者―

【文法3】

キーワード：学校文法，文の成分，文節，主語・述語，修飾語，接続語，独立語，補助・被補助の関係，類例関係，統合関係，未知，既知，係助詞，格助詞

1. チューターが音(ね)をあげたアメリカ人留学生―尾崎放哉研究を志す留学生―

研究テーマが尾崎放哉(おざきほうさい)（1885～1926）の無季自由律俳句であるというアメリカ人留学生がいた。彼は以前，三か月ほど鳥取県で過ごし，その際に尾崎放哉の存在を知り，興味を持ったという。その後，金沢市の「ジャパニーズ・イン・金沢」で日本語を研修し，この度，文部科学省採用の国費留学生として一年半の研究生活を送ることとなったのである。

　　足のうら洗へば白くなる
　　入れものが無い両手で受ける
　　こんなよい月を一人で見て寝る
　　咳をしても一人
　　墓のうらに廻(まは)る
　　春山のうしろから烟(けむり)が出だした

このような俳句を英訳するのが彼の仕事だという。筆者は韻文翻訳不可能論者であるので，そのようなことは無駄だからテーマを変えた方がよいと助言したが彼は耳を貸そうとしなかった。文部科学省に提出した書類の関係もあったのであろう。

西行(さいぎょう)の和歌をフィンランド語に翻訳しようと志したヘルシンキ大学から来た留学生もいるので，ニューヨーク生まれの勇気ある若者につきあうことにした。

彼の熱中度は半端なものではなく，同僚の一人が参加していた句会に同席させて貰い，句会の雰囲気も学んでいた。句会は東京で開かれているものであった。

留学生には希望によりチューターが付けられる。彼の場合もチューターが付いていた。夏休み，日光へ同行し，芭蕉の足跡「裏見の滝」を尋ねることもしたという親切なチューターであったが，学力的には問題があった。

無季自由律俳句の指導はさておき，基本的助詞ハとガの指導をしてくれないというのである。

実は，ハとガの指導が出来ないというのは日本人チューターに共通する欠点であり，個人的欠点ではない。日本の学校教育ではハとガの相違に関する教育がほとんどなされていない。そのため，日本語教育を受けていない学生には留学生にハとガの相違を教える知識も能力もないのである。

2. ハとガの区別についての国語教育の問題点

国語教育において，文法に関する体系的教育は中学校でなされる。そのうち「文の成分」という日本語文法の基礎は次のように教育されている。

『新しい国語Ⅰ』は，「文の成分」という言語単位を認め，これを，主語・述語・修飾語・接続語・独立語の五種類としている。これに対して，『中学校国語1』

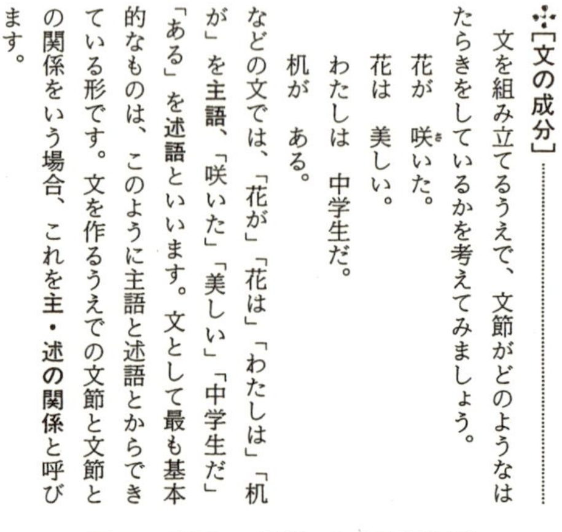

> [文の成分]
> 文を組み立てるうえで，文節がどのようなはたらきをしているかを考えてみましょう。
> 花が咲いた。
> 花は美しい。
> わたしは中学生だ。
> 机がある。
> などの文では，「花が」「花は」「わたしは」「机が」を主語，「咲いた」「美しい」「中学生だ」「ある」を述語といいます。文として最も基本的なものは，このように主語と述語とからできている形です。文を作るうえでの文節と文節の関係をいう場合，これを主・述の関係と呼びます。

図10 『新しい国語Ⅰ』（東京書籍）

五　文節と文節の関係

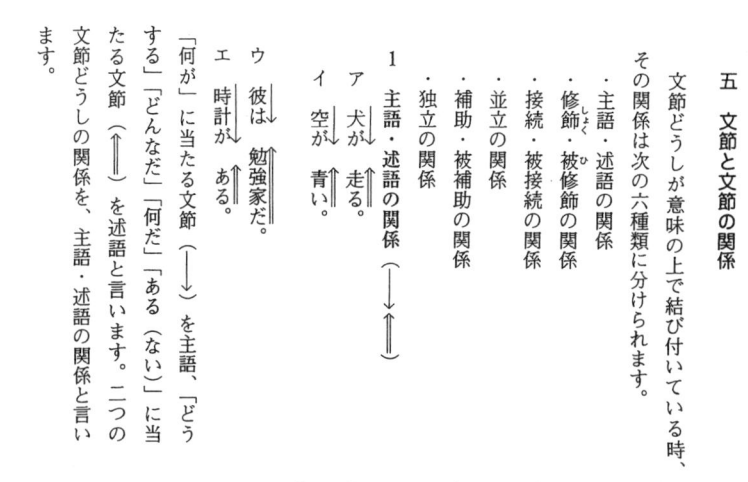

文節どうしが意味の上で結び付いている時、その関係は次の六種類に分けられます。

- 主語・述語の関係
- 修飾・被修飾の関係
- 接続・被接続の関係
- 並立の関係
- 補助・被補助の関係
- 独立の関係

1　主語・述語の関係（→⇒）

ア　犬が　走る。
イ　空が　青い。
ウ　彼は　勉強家だ。
エ　時計が　ある。

「何が」に当たる文節（→）を主語、「どうする」「どんなだ」「何だ」「ある（ない）」に当たる文節（⇒）を述語と言います。二つの文節どうしの関係を、主語・述語の関係と言います。

図11　『中学校国語1』（学校図書）

では，「文の成分」という言語単位を認めず，「文節」から「文」ができると説明し，文節と文節の関係を六種類としている。

『中学校国語1』は「補助・被補助の関係」とは「絵を　かいて　いる。」の「かいて」と「いる」との関係であるとする。

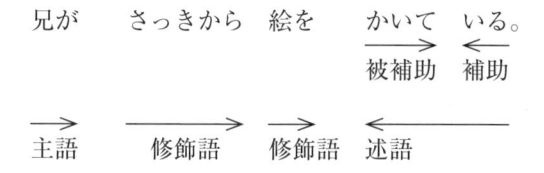

　　　兄が　　さっきから　絵を　　かいて　いる。
　　　　　　　　　　　　　　　　　→　　　←
　　　　　　　　　　　　　　　　　被補助　補助
　→　　　　→　　　　　→　　　　←
　主語　　　修飾語　　　修飾語　　述語

ところで，「かいている」が述語であることは容易に想定出来る。これを図示すると上のようになる。「かいて」と「いる」は述語の一部である。言い換えると，主語・述語の関係は文の成分同士の関係で，補助・被補助の関係は文節同士の関係となり，レベルを異にするものなのである。レベルを異にするものを区別せずに同列のものとするのは無理があると考えられる。よって，「文の成分」と「文節」は区別すべきものとする扱いが正しい。

「文の成分」レベルの解説にも似たような問題がある。

学期末の　試験が　始まる。
→　　　　←
連体修飾　被連体修飾

　→　　　　　←
　　主　語　　述　語

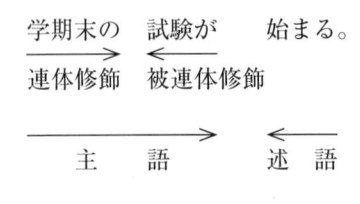

弓と　矢が　飾ってある。
→　　←
並列　並列

　→　　←
　主語　述語　　　　　　　　（『中学校国語1』学校図書）

　「連体修飾語」や「並列語」は文節レベルのもので,「文の成分」レベルの主語や述語と同列に語るべきものではない。
　こういうわけで,文の基礎を説明する部分からして現行の教科書には問題点があり,本格的見直しが迫られるのであるが,主語・述語の記述にも問題がある。

・花が　咲いた。　　　　・犬が　走る。
・花は　美しい。　　　　・空が　青い。
・わたしは　中学生だ。　・彼は　勉強家だ。
・机が　ある。　　　　　・時計が　ある。
　（『新しい国語Ⅰ』）　　（『中学校国語1』）

・友達が　大きな　声で　笑う。　　＊主語の「何が」は,「何は」「何も」
・花だんは　とても　美しい。　　　「何だけ」などになることもあります。
　　　　　　　　　　　　　　　　　　　　（『現代の国語1』三省堂）

　見るとおり,「何が」「何は」を一様に,「主語」としている。ハとガの区別がなされていない。題目部解説部を認めず主語述語関係だけを認定する扱いでは,ハとガを区別する必要が生じないのである。このため,ハとガの相違に関する教育は必要とされない。

生徒が迷うような記述もある。

・主語は「～が」でない場合も多い。
　主語がわかりにくい場合は，初めに述語を見つけて，「何（だれ）がそうするのか」「何（だれ）がそうなのか」を探すとよい。
・ぼくは　花が　好きだ。　→　「好き」なのはだれ？
・昨日は　部屋も　きれいだった。　→　「きれいだった」のは何？

（『伝え合う言葉　中学国語　１年』教育出版）

「『好き』なのはだれ？」という，リードに従えば，「主語」は「ぼくは」になる。では「何が」という主語の典型形である「花が」は文の成分としては何なのだろうか。

また，リードを「何が『好き』なのか？」にしてみると，「主語」は「花」になってしまう。一体，どっちなのかということになる。教室で扱う教員は困惑しているに違いない。

図12の解説文では「主語・述語の関係に気をつけなければならない。」と注意を促しているが，例文の主語・述語の関係（実際は動作主と動作の意味的関係で，文法的関係ではない。）にいくら気をつけても文意はわかりにくい。

ただし，「従属節内の主語はガで示される」という，日本語の文法の一般則に従えば，「集め／届けた」のは「兄」，「帰った」のは「僕」となり，文意は明

文の組み立てと意味

１　主語・述語の関係

〈観察と発見〉

兄が集めたお金を届け，僕は帰った。

(1)
「（お金を）集めた」のは，だれか。
「帰った」のは，だれか。
「（お金を）届けた」のは，だれか。

文を組み立てている部分が，

何（だれ）が──どうする・何だ・ある・いる・ない

の関係で結び付いているとき，それらを主語・述語の関係にあるという。
例文では，「どうする」に当たる言葉が三つ，「何（だれ）が」に当たる言葉が二つある。そのうち「（お金を）届けた」行為（述語）を，だれ（主語）がしたかが二通りに解釈できるので，文の意味が定まらない。意味を正確に伝えるためには，主語・述語の関係に気をつけなければならない。

図 12　『国語１』（光村図書出版）

瞭に理解される。

　文法は明快さを生み出すためにあり，混乱を生み出すためにあるのではない。教えるべきことがらは，むしろ，従属節内部と主節内部の在り方の相違なのではないのか。

　この解説文で，より一層注目すべきことは，「兄」と「僕」との差を無視していることである。「兄が」とガで示される「兄」は従なのであり，「僕は」とハで示される「僕」は主なのである。

　このセンテンスは「僕」についての解説的文，説明的文である。「兄」は「集める／届ける」の動作主にとどまるが，「僕」は「帰る」という動作の主体であるにとどまらず，この文の話題の主で，「題目」でもあるのである。重要度が全く異なる。この重要度の差はハとガによって生じるものであることは明白であろう。

　ハとガを無視してしまうということは，実は，文の成分に「主語」だけを認定し，「題目」を認定しないという基本枠組みに由来する。

　ハとガに注目して日本文法を構築したのは山田孝雄であった。また，ハとガの文法的相違，情報の未知既知とガとハの関係という重大な言語事実を発見したのは松下大三郎（1878〜1935）であった。現在の国語教科書，国語教育は山田孝雄，松下大三郎のせっかくの研究成果を充分にあらわしていない。もったいないことである。

3.「NIKKO is NIPPON」をどう訳すか？──ハとガの相違──

かつて，日本語論の講義において，「I am a cat.」を和訳させたことがある。

```
a　わたしは　　猫です。
b　私(わたくし)は　　猫でございます。
c　僕は　　　　猫です。
d　俺は　　　　猫だ。
e　おいらは　　猫。
f　自分は　　　猫であります。
g　あたいは　　猫よ。
h　わしは　　　猫じゃ。
```

i　吾輩は　　　猫である。

　大部分の学生は，aの答えであった。留学生たちは，b以下の多様性に触れ，驚きを隠さなかった。日本人学生の中には，iの訳に感動し，発奮する者もいた。

　留意すべきことは，日本語における一人称代名詞の多様性（類例関係）の指摘ばかりではない。いわゆる「主語」と文末表現との間に統合関係があるという事実を指摘することが肝心である。

　この文末表現は，文体指標となる重要な文体素である。したがって，一人称代名詞に何を選ぶかということは文体の形成に重大な影響を及ぼすのである。

　さて，以上を導入として，ハとガの相違の講義が展開される。

I　ニュースのガ

「一体，なんの騒ぎですか？」

「駅前が火事です。」

(1) ガの前もガの後ろも未知の情報。文全体でニュースを伝える。「初出のガ」とも称される。

(2) 新聞の報道記事ではガが多用され，社説・論説など意見文ではハが多用される。

(3) 話し言葉や古典語ではガは表現されず，「駅前，火事です。」のようにゼロ表記になることがある。

(4) ガがこのような働きをするのは近代語の特徴である。

(5) 松下大三郎はこの種のガには言及していない。春日政治（1878〜1962）や松村明（1916〜2001）の研究による。

II　前方強調のガ

「どこが火事ですか？」

「駅前が火事です。」

(1) ガの前に未知の情報が来て，強調される。ガの後ろは既知の情報。

(2) 松下大三郎が指摘したのは，この種類のガである。

(3) 「いつがいいのか？／どこがいいのか？／誰が来るのか？」などガの前に疑問詞が置かれるのはガの前方強調という働きに由来する。

(4) 古典語では係助詞「ぞ」「なむ」「こそ」（疑問の場合は「か」）がこの働きをする。したがって，名詞文や形容詞文・形容動詞文で使用

Ⅲ 後方強調のハ
「火事はどこですか？」
「火事は駅前です。」
(1) ハの後ろに未知の情報が来て，強調される。ハの前は既知の情報。
(2) 松下大三郎が指摘したのは，この種類のハである。
(3) 「いいのはいつ？／いいのはどこ？／来るのは誰？」などハの後ろに疑問詞が置かれるのはハの後方強調という働きに由来する。
(4) 古典語においては係助詞「は」（疑問の場合は「や」）がこの働きをする。

Ⅳ 同語反復のハ
「火事は火事だ。」
(1) レトリカルな表現。ハの前と後ろに同一語が使用される。
(2) 「君は君，僕は僕。されど仲良き。」「東は東，西は西」など，ハの直後に「やはり」や「どう言っても」などの表現があり，これらが省略されたものと理解される。「確認認定のハ」とも称される。
(3) 松下大三郎はこの種類のハには言及していない。

Ⅴ ガは直近の用言と結び付き，ハは文末の判断表現と結び付く。
A 祖母が死んで，悲しいです。
B 祖母は，死んで5年になる祖父を思って，毎日墓参りをします。
(1) Aの「祖母が」は直近の用言「死ぬ」と結び付く。
(2) 従属節の動作主や状態主はガで示される。
(3) Aで「悲しい」思いをしているのは，話し手，または書き手。一般に，述語の動作主や状態主が表現されていない場合は，動作主や状態主は話し手，または，書き手である。
(4) Bの「祖母は」は文末の「墓参りをし」に掛かり，この動作主であると同時にこの文の話題となる「題目」でもある。
(5) ハとガのこのような働きの相違を明らかにしたのは山田孝雄である。用言と結び付くガは格助詞，文末の述語に掛かるハは係助詞と峻別している。

ハとガの相違に関する講義の要点は以上である。

理解度を確認するために,「NIKKO is NIPPON」(やすらぎの栃木路)を和訳させた。

A1	日光が	日本	Φ／だ／です。	3 (5.2%)
A2	日光こそ	日本	だ／である。	3 (5.2%)
B1	日光は	日本	Φ／だ／です／である。	16 (28.0%)
B2	日光は	日本	の光／の心／の代表／の象徴／の代名詞／の宝物。	17 (29.8%)
B3	日光は	日本	そのものです／日本文化をよく表しています。	2 (3.5%)
C	日光は	日本にあります／属する。		14 (24.5%)
D1	日本には	日光がある。		1 (1.7%)
D2	日本といえば	日光だ。		1 (1.7%)

＊　Φはゼロ記号。　　　　　　　　　　　　　合計 57 名

筆者が期待したものはAであったが, B2 B3やDも正解に入るであろう。B1は不正解である。Cは「is」をコピュラではなく, 存在詞と解釈したもの。これには正直, 驚いた次第である。ただし, これは不正解であろう。

果たして, このポスターの制作者はどれを正解とするのであろうか？ このポスターを栃木県内で, 日本人が見るという場面を想定すると正解はAだと思われる。

■ 発展問題

(1) A, Bの文の相違に関する以下の質問に答えなさい。
　　A　これが　陽明門です。
　　B　これは　陽明門です。
　① 聞き手は「陽明門」について既に知っていると話し手が判断しているのはどちらか。
　② 聞き手は「陽明門」についてなにも知らないと話し手が判断しているのはどちらか。
　③ ハとガの区別のどの条項がこの質問に関連するか答えなさい。

(2)「今年の　決勝戦で　早稲田実業が　駒大苫小牧に　4対3で　勝った。」(叙述構文)の下線部を題目にした文(疑似題説構文)は，次のようになる。
 a　今年は　決勝戦で　早稲田実業が　駒大苫小牧に　4対3で　勝った。
 b　今年の　決勝戦(で)は　早稲田実業が　駒大苫小牧に　4対3で　勝った。
 c　早稲田実業は　今年の　決勝戦で　駒大苫小牧に　4対3で　勝った。
 d　駒大苫小牧は　今年の　決勝戦で　早稲田実業に　4対3で　負けた。
 e　4対3は　今年の　決勝戦での　早稲田実業が　駒大苫小牧に　勝った　成績だ。
 f　今年の　決勝戦で　4対3で　駒大苫小牧に　勝ったのは　早稲田実業だ。
① 「時」に関する情報(今年)，「場面」に関する情報(決勝戦)，「主体」に関する情報(早稲田実業)，「対象」に関する情報(駒大苫小牧)は簡単に題目化できるが，「条件」に関する情報(4対3)や「動詞述語」(勝った)に関する情報は題目化しにくい。これは，なぜなのだろうか？
② 題目化する(ハを付ける)と表現が変化するものとしないものがある。どのように変化するかを確認し，変化する理由について考えてみよう。

■ 参考文献

1) 青木伶子『現代語助詞「は」の構文的研究』(笠間書房，1992)
2) 大野　晋『日本語の文法を考える』(岩波新書，岩波書店，1978)
3) 春日政治『尋常小学校国語読本の研究』(修文館，1918)
4) 小池清治『日本語はどんな言語か』(ちくま新書，筑摩書房，1994)
5) 小池清治『現代日本語文法入門』(ちくま学芸文庫，筑摩書房，1997)
6) 小池清治・小林賢次・細川英雄・山口佳也編『日本語表現・文型事典』(朝倉書店，2002)
7) 野田尚史『「は」と「が」』(くろしお出版，1996)
8) 松下大三郎『改選標準日本語文法』(勉誠社，1978)
9) 松村　明「主格表現における助詞『が』と『は』の問題」(国語学振興会編『現代日本語の現在』白水社，1942)
10) 山田孝雄『日本文法論』(宝文館，1908)

第7章　なぜ「黒板を消せる」のか？
―ヲの多様性：ブルガリア人学習者―

【文法4】

キーワード：全体対象目的，部分対象目的，道具目的，材料目的，場所目的，結果目的，規則型言語，運用型言語，役割目的，原因目的，目的目的，同族目的，使役目的，移動対象，離脱対象，退避対象，基準対象，時間対象，状況対象，公的事業行事対象，方向対象

1. 二人のブルガリア人留学生―黒板は消せるか？―

二期連続でブルガリアからの国費留学生を指導したことがある。二人とも優秀であった。

「先生，雨がポツリポツリ降ってきたと，ポツンポツン降ってきたとはどのように違いますか？」

このような質問をし続けて，「擬声語擬態語」で修士論文を書いた彼女は，現在，カナダのヨーク大学の日本語講師となり，カナダ人に日本語を教えている。

もう一人は，

「先生，頭の天辺(てっぺん)から爪先(つまさき)までという慣用句が日本語にありますね。ブルガリア語では，頭から踵(かかと)までって言うんです。日本語の慣用句は寝て作ったのでしょうか？」

こう言って，筆者の度肝を抜いてくれた学生は，「慣用句の対照的研究」で修士論文を書き，現在は博士の学位を取り，東京の外資系の会社で働いている。

この学生は極めて積極的で，大学の近所にある幼稚園に出かけ，ブルガリアの子供たちが描いた絵を贈るということまでしていた。後日，これがきっかけとなりこの幼稚園とブルガリアの幼稚園との交際が始まったという報道記事が地元の新聞に掲載され，筆者は舌を巻いてしまった。

また，彼女は，東京の「諺(ことわざ)・慣用句研究会」の会員となり，機関誌にブルガリア語の慣用句を紹介した小論文を掲載することまでやるという活躍ぶりで

あった。

　ある日，ポツリポツリさんが，こんなことを尋ねてきた。

　「先生，黒板を消しといてって，××先生に言われたのですが，黒板を消すことができますか？」

　この時ほど，「留学生は宝だ。」と思ったことはない。以下は，この質問を契機として考えた格助詞ヲの多様性に関する考えである。

2．リンゴの皮を剥く。—全体対象目的と部分対象目的—

　「リンゴの皮を剥く。」（A1）という表現と同じ意味のことを，日本語ではB1,C1のように言うことも出来る。

　　A1　リンゴの　皮を　剥く。　完全文
　　B1　リンゴを　　　　剥く。　省略文　　全体対象
　　C1　　　　　　皮を　剥く。　省略文　　部分対象

　B1のヲを全体対象目的のヲといい，C1のヲを部分対象目的のヲという。

　全体対象目的のヲ，部分対象目的のヲの区別は応用範囲が広い。いわゆる道具目的のヲや材料目的のヲ・場所目的のヲなども，この考え方で説明出来る。

［道具目的の構造］
　　A2　鉄砲で　　熊を　　撃つ。　完全文
　　B2　鉄砲を　　　　　　撃つ。　省略文　　道具目的
　　C3　　　　　　熊を　　撃つ。　省略文　　対象目的

［材料目的の構造］
　　A3　壁に　　　ペンキを　塗る。　完全文
　　B3　壁を　　　　　　　　塗る。　省略文　　対象目的
　　C3　　　　　　ペンキを　塗る。　省略文　　材料目的
　　A4　千代紙で　鶴を　　　折る。　完全文
　　B4　千代紙を　　　　　　折る。　省略文　　材料目的
　　C4　　　　　　鶴を　　　折る。　省略文　　結果目的
　　A5　毛糸の　　手袋を　　編む。　完全文
　　B5　毛糸を　　　　　　　編む。　省略文　　材料目的
　　C5　　　　　　手袋を　　編む。　省略文　　結果目的

2. リンゴの皮を剥く。―全体対象目的と部分対象目的―

［場所目的の構造］
A6	裏山で	山芋を	掘る。	完全文	
B6	裏山を		掘る。	省略文	場所目的
C6		山芋を	掘る。	省略文	結果目的（掘り出す）
A7	庭の	落ち葉を	掃く。	完全文	
B7	庭を		掃く。	省略文	場所目的
C7		落ち葉を	掃く。	省略文	対象目的
A8	教室で	財布を	捜す。	完全文	
B8	教室を		捜す。	省略文	場所目的
C8		財布を	捜す。	省略文	対象目的
A9	地面に	穴を	掘る。	完全文	
B9	地面を		掘る。	省略文	対象目的
C9		穴を	掘る。	省略文	結果目的

［結果目的の構造］
A10	水を熱して	湯を	沸かす。	完全文	
B10	水を		沸かす。	省略文	対象目的
C10		湯を	沸かす。	省略文	結果目的
A11	隣の娘を	嫁に	貰った。	完全文	
B11	隣の娘を		貰った。	省略文	対象目的
C11		嫁を	貰った。	省略文	結果目的
A12	卵を温めて	雛（ひな）を	孵す。	完全文	
B12	卵を		孵す。	省略文	対象目的
C12		雛を	孵す。	省略文	結果目的

「黒板の字を消す」は，場所目的のA7と同じ構造の表現である。

A13	黒板の	字を	消す。	完全文	
B13	黒板を		消す。	省略文	場所目的
C13		字を	消す。	省略文	対象目的

「黒板を消す。」は日本語得意の省略表現であった。

日本人は，「黒板の字を消して（ください）。」と言えば，完全な表現で，誤解のしようがないのに，完全表現を好まない。そこで，あたかもマジシャンに

依頼するかのように,「黒板を消して。」と平気で依頼するのである。省略表現であると意識することなしに。

　「『黒板を消して。』は省略表現です。このヲは場所目的のヲです。」
　ポツリポツリさんは,これで納得してくれた。

3. 規則型言語と運用型言語―「母の肩を叩く。」の場合―

　言語には文法規則にしたがって一様の表現をする傾向の強い規則型言語と文法規則があるにはあるが,緩い規則で場合に応じて多用な表現をする傾向の強い運用型言語の二種類がある。

　英語や中国語は前者で省略表現を好まない,あるいは許さないという共通点がある。

　日本語は省略表現を許し,かつ,これを好む運用型言語である。運用型言語は別の言い方をすれば慣用型言語ということもできる。

　全体対象目的,部分対象目的の区別は前節で述べたように適用範囲がかなり広いのであるが,慣用型言語である日本語では,このパターンに従わないものもある。

　　A14　母の　肩を　叩く。　完全文
　　B14　母を　　　叩く。　完全文
　　C14　　　　肩を　叩く。　完全文,省略文

　A14は,A1の「リンゴの皮を剥く。」と同じ構造をした文のように思われるが,B14のように省略文が作れなかったり,C14のように,完全文と省略文の二通りの解釈を許す文を作ったりする。

　B14は省略文とは考えられない。「剥く」のは「皮」と容易に推測できるのであるが,「叩く」のは「肩」と決まっているわけではないからである。「親に対しては孝」の国,日本では,母を叩くことは許されないが,表現としては立派に成立してしまう。

　C14は,「母の肩を叩く」と見れば,省略文であるが,早めの退職を勧奨する行為とすれば慣用句となり,完全文なのである。

　全体対象目的のヲ,部分対象目的のヲと単なる対象目的のヲの見分け方に規則はない。具体例に応じて,臨機応変の対応が必要となるのである。

4. その他のヲ―格助詞ヲの多様性―

格助詞ヲの用法は，以上にとどまらない。
　［役割目的］　委員長を務める。／四番を打つ。／ハムレットを演じる。
　［原因目的］　報復を恐れる。／合格を喜ぶ。／日光を眩（まぶ）しがる。
　［目的目的］　レストランで食事をする。／数学の勉強をする。／着替えをする。
　［同族目的］　歌を歌う。／ワルツを踊る。／幸福な生涯を生きる。
　［使役目的］　客を待たせる。（客が待つ）／親を困らせる。（親が困る）

以上は，いわゆる「他動詞」，本書でいう，「意志動詞」に関するヲの用法であるが，この他，いわゆる「自動詞」，本書でいう「無意志動詞」に関するヲの用法もある。

　［移動対象］　橋の端を歩く。／橋を渡る。／端を歩く。／グランドを走る。トンネルを抜ける。／我が道を行く。／門を潜る。／四つ角を曲がる。／川を歩いて渡る。
　［離脱対象］　席を離れる。／訪問先を辞する。／会社を辞める。／コースを逸れる。／現役を退く。／大学を卒業する。／彼は昨年大学を出た。／理事長の職を辞退する。／学校を休む。／会議を欠席する。
　［退避対象］　水溜まりを避ける。／攻撃を躱（かわ）す。
　［基準対象］　土俵を割る。／一線を越える。／一万円を下回る。／平均を上回る。
　［時間対象］　困難な時代を生き抜く。／今をときめく。／シベリアで五年を過ごした。
　［状況対象］　雨の中を探し回る。／激戦を生き延びる。
　［公的事業行事対象］　これで今日の放送を終わります。NHK。
　［方向対象］　校舎は南を向いて建っている。

結局，いわゆる「他動詞」，本書でいう意志動詞の場合，ヲは意志の向かう方向，すなわち目的の意を表し，いわゆる「自動詞」，本書でいう無意志動詞の場合，ヲは相対物として指定する意，すなわち対象化の意を表すということになる。

5.「今を生きる」「あなたを生きる」のヲ

　2005年3月，筆者の同僚が肺癌に罹り，46歳の若さで亡くなった。その追悼のために催された集会は「今を生きる」と題されていた。この題は，遺稿となった論文のタイトルからのものである。彼は人生の最後の時を，ヲについて考えることに費やしていたことになる。この「今を」は「時間対象」であり，「生きる」は意志動詞として機能している。

　現在，京都の東本願寺の門前には，親鸞上人の750年御遠忌(ごおんき)を祈念する標語として，「今，命があなたを生きている。」という言葉が大書されている。

　仏教的輪廻転生思想を端的に表したものであるが，筆者のような俗物は衝撃を受ける言葉である。

　「あなたを」のヲは「役割目的」である。とすると「生きる」は意志動詞として機能していることになり，この文は「命」という抽象名詞を動作主とした擬人法ということになる。この標語が刺激的であるのは伝達内容だけではなく，表現の技も影響していたのだ。

■ 発展問題

(1) A，Bの文の「大学／家／汽車」の意味の相違を述べ，ヲとカラの働きの相違について考えなさい。
　　A1　大学を　出る。　　（卒業する）
　　A2　家を　　出る。　　（家出をする）
　　A3　汽車を　降りる。　（下車する）
　　B1　大学から　出る。　（帰宅のために）
　　B2　家から　　出る。　（出勤のために）
　　B3　汽車から　降りる。（買い物のため）
　　参考　　青木さんから　借りた。　　　図書館から　借りた。
　　　　　　青木さんに　　借りた。　　＊図書館に　　借りた。
　　　　　　父から　　　　貰った。　　　市役所から　貰った。
　　　　　　父に　　　　　貰った。　　＊市役所に　　貰った。

(2) A～Dの文の意味的相違について述べなさい。
　　A　これで，今日の放送は　終わります。
　　B　これで，今日の放送が　終わります。

```
C  これで，今日の放送を　終わりとします。
D  これで，今日の放送を　終えます。
```

■ 参考文献

1) 大槻文彦『広日本文典・同別記』(勉誠社, 1980)
2) 奥田靖雄「を格の名詞と動詞とのくみあわせ」/「を格のかたちをとる名詞と動詞とのくみあわせ」(言語学研究会編『日本語文法・連語論（資料編）』むぎ書房, 1983)
3) 奥津敬一郎「自動化・他動化および両極化転形―自・他動詞の対応―」(須賀一好・早津恵美子編『動詞の自他』ひつじ書房, 1995)
4) 小池清治・田邉知成「自動詞『向く』と『を格』の結びつき」(『外国文学』51号, 宇都宮大学国際学部, 2002)
5) 須賀一好「自他違い―自動詞と目的語, そして自他の分類―」(同上)
6) 時枝誠記『日本文法口語篇』(岩波書店, 1950)
7) 橋本進吉『助詞・助動詞の研究』(岩波書店, 1969)
8) 久野　暲『日本文法研究』(大修館書店, 1973)
9) 松下大三郎（徳田正信編）『増補改訂　標準日本口語法』(勉誠社, 1977)
10) 松本　武「格助詞―『が』『に』『を』と文法関係―」(『いわゆる日本語助詞の研究』凡人社, 1984)
11) 山田孝雄『日本文法論』(宝文館出版, 1908)

第8章　魚が水泳しています？

【語彙・類義語】

キーワード：類義語，同義語，和語，漢語，日常語，文章語

1. 類義語と同義語

「泳ぐ」と「水泳（を）する」は語形が違うだけでなく，語種も「泳ぐ」は和語で，「水泳（を）する」は漢語「水泳」に和語「する」がついた混種語と異なる。しかし，表す意味が似通っているため，日本語学習者はこの2語の使い分けができず，「魚が水泳しています」のような誤った文をつくってしまうことが多い。

「泳ぐ」と「水泳（を）する」は，(1)の文において「泳ぎ」を「水泳（を）し」に置き換えても意味がほとんど変わらない。

(1) 午前中は泳ぎ，午後はテニスをする。
　　　　　　↓
　　　　水泳（を）し

そのため，同義語のように見える。しかし，「魚が水泳しています」とは言えないことから考えると，この2語は類義語だということがわかる。

類義語のうち「あす」と「あした」，「ふたご」と「双生児」などのように指示的な意味がまったく同じと認められるものを同義語といい，2語の関係は図

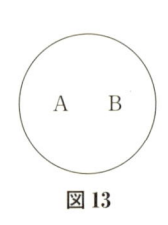

図13

13のようになる。

　学習者は,「泳ぐ」と「水泳(を)する」を同義語であると考えたために,「魚が水泳する」という誤用文をつくってしまったわけである。
　ここで「ふたご」と「双生児」について考えてみよう。
　(2) きんさんとぎんさんはふたごの姉妹だ。
という文の「ふたご」を「双生児」に置き換えると (3) の文になる。
　(3) きんさんとぎんさんは双生児の姉妹だ。
　この文はちょっと奇異に感じられる。日本語を母語とする者は,位相や語感,ニュアンスを考えて,(3) よりも (2) の文のほうが自然であると直感できるのであるが,学習者にとっては,指示的な意味が同じである語と語の違いを理解することは難しい。

2. 類義語対比表

　「泳ぐ」と「水泳(を)する」のような類義語の使い分けの問題は学習の程度が進み,語彙の量が増えるに従って学習者を悩ます問題となる。
　このような類義語の使い分けを教える場合,重要なことは,図14にあるような二つの円の重ならない部分,つまり意味の異なる部分を学習者にきちんと理解させるようにすることである。

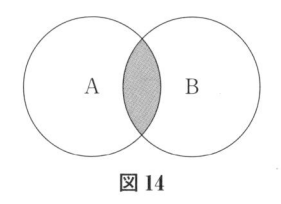

図 14

　類義語間の差異は,「泳ぐ」と「水泳(を)する」のどちらでも言える例文と,どちらか一方しか言えない例文を示すことにより,それぞれの意味・用法の違いを明らかにすることができる。その場合は,次の表のように,それぞれの語を含む典型的ないくつかの例文を示すことが大切である。
　学習者には,まずa,bを見せて,「水泳(を)する」は主語が人の場合のみ可能なこと,そのことから,魚のように本能的に泳ぐのではなく,意志をもって泳ぐときにのみ使われることを理解させる。

第8章　魚が水泳しています？

表9

	泳ぐ（泳ぎ）	水泳（を）する（水泳）
a. 子供の時はよく…だ（た）。	○	○
b. 金魚が池で…で（て）いる。	○	×
c. 毎日健康のために…で（て）いる。	○	○
d. 私の趣味は…だ。	△	○
e. 彼は…が上手だ。	△	○
f. 海で…。	○	×

＊　○―抵抗なく用いられる場合／△―疑わしい，あるいはこのままの語形では用いられない場合／×―不適当だと思われる場合

　次にc, d, eは，「水泳（を）する」がすべて○であることから，「水泳（を）する」はc「健康のため」のように何かの目的のために，あるいはd, eからスポーツや趣味，また競技として泳ぐ場合や，泳ぐ技術を問題にする場合に用いられることをわからせる。

　さらに，dは「泳ぐこと」，eは「泳ぎ方」にすると○になる。従って，「泳ぐ」は「水泳（を）する」よりも広い意味で使われることになる。また，fの「海で水泳（を）する」は×になるが，海をプールに換え，「プールで水泳（を）する」とすると○になる。このことから，「水泳」は海のように広大な境のない場所で行われるものでなく，プールのように限定された場所で行われるものであることを理解させる。

　対比表から，「泳ぐ」の意味は〈手足やひれを動かして水中，水面を進む〉ことであるが，「水泳（を）する」は，〈人が意志をもって手足を動かして，何かの目的のために限られた範囲の中の水中，水面を進む〉ことであることが，学習者にも理解できるようになる。

　以上のことから「泳ぐ」と「水泳（を）する」は，類義語の中でも「水泳（を）

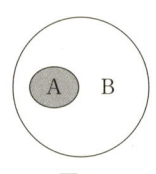

図15

する」が「泳ぐ」に含まれる図15に示す関係であることを把握させる。

3. 和語動詞と〈漢語＋(を)＋する〉動詞

一般に「泳ぐ」と「水泳(を)する」のような和語の動詞と「漢語＋(を)＋する」からなる動詞を比較すると，前者は中心的意味の大きな抽象語になり，後者は詳細な意味を表すため，限られた使い方をすることになる。宮島達夫(1977)は，漢語のこのような分析的性質を，和語の動詞「入る」と類義関係になる漢語を挙げて，次のように例証している。

  病院には   入院   動物園には   入園
  研究会には 入会   学校には   入校
  図書館には 入館   車庫には   入庫

そして，漢語は〈入る場所〉の違いにより細かく使い分けられるとし，漢語のこのような特徴を，言いわけられるという意味では長所であり，言いわけなければならないという意味では短所であるとしている。また，一般的に和語は日常語的であり，漢語は文章語的であるが，文章語的であるということは公的な場で使われるということなので，大規模なもの，公的なものに偏りがちで，「運搬する」「積載する」は「はこぶ」「つむ」にくらべて大規模であり，「驚嘆する」「驚愕する」「仰天する」は「おどろく」より度合いがつよく，「返答する」「回答する」は「こたえる」より公的であるなどの違いが認められるとしている。

4. 日常語対文章語

西尾寅弥(1988)は，上記のような和語と漢語を同義語とし，このような同義語の中には，日常語対文章語という文体的な対立としてとらえられるものが数多く存在するとし，次のような例を挙げている。

  とし／年齢　病気／やまい　早死に／夭折　勉強する／まなぶ
  貧乏な／まずしい　しつこい／執拗な　有名な／著名な
  まえもって／あらかじめ　大体／おおむね

日常語対文章語は，和語対漢語のものが多いが，「病気／やまい」「勉強する／まなぶ」「貧乏な／まずしい」のように漢語のほうが日常語で，和語のほうが文章語のものや，「まえもって／あらかじめ」「有名な／著名な」のように和語どうし，漢語どうしのものもあるとしている。そして，このような対立は二分法的な性質のものではなく，程度の強さはいろいろであり，かつ質的にも一様でないとしている。このことからもわかるように学習者に指導する際には，一般的には，和語は日常語的であり，漢語は文章語的であるが，必ずしもすべてがそうではないと教えておく必要がある。現代では文章語的な語がかなり日常的な語として入り込んできているので注意しなければならない。

一方，西尾（1988）は，同義語の中には，日常語対あらたまり語という対立もあるとし，次のような例を挙げている。

　　よる／やぶん　さっき／さきほど　あとで／のちほど
　　このあいだ／せんじつ　どう／いかが　ちょっと，すこし／少々
　　ほんとうに／まことに　こっち／こちら

そして，これらの語は，あらたまった場面で相手を強く意識し，丁寧に話しかけようとする場合によく使われる丁寧語に類する機能を果たす語でもあると述べている。

学習者にとっては，これらの使い分けは難しいため，誤用が目立つ。筆者も留学生とチュートリアルで授業をしていたとき，その留学生が「先生，少々お待ちくださいませ。辞書を引いてみますので。」と言ったので，妙に感じたことがある。

このほか，「ごはん／ライス」「ピンポン／卓球」など，和語と外来語，漢語と外来語の対立もあり，さらに，「宿屋／旅館／ホテル」「取り消し／解約／キャンセル」など和語対漢語対外来語のセットもあり，その微妙なニュアンスの違いまで習得することは学習者には大変むずかしいことである。さらに，日本語には，和語・漢語・外来語のほかにそれらの組み合わせからなる混種語もあり，日本語母語話者はそれらを巧みに使い分けて表現を豊かにしている。

日本語学習者の語彙指導に当たっては，まず，それぞれの語種の特徴を把握

させ，次いで，類義関係にある語を学習したときに，類義語対比表に示したような例文を挙げることにより，それぞれの語の微妙な意味の違いがわかるようにすることが肝要である。

■ **発展問題**

> 次の類義関係にある語を，学習者がわかりやすいように適切な例文を示すことにより説明しなさい。
> ① 知る／わかる
> ② やっと／とうとう／ついに
> ③ 勉強する／学ぶ
> ④ 見物／見学
> ⑤ 旅／旅行／トラベル

■ **参考文献**
1) 秋元美晴「『魚が水泳しています』は間違いだけど，どう説明する？」(『月刊日本語』6巻5号，アルク，1993)
2) 秋元美晴『よくわかる語彙』(アルク，2002)
3) 西尾寅弥『現代語彙の研究』(明治書院，1988)
4) 福島泰正（佐治圭三監修）『類似表現の使い分けと指導法』(アルク，1997)
5) 宮島達夫『岩波講座日本語9 語彙と意味』(岩波書店，1977)

第9章 「可能性が大きい・高い・強い」か「大きい・高い・強い可能性がある」か？

【語彙・連語】

キーワード：程度名詞，形容詞，共起

1. 程度名詞と形容詞

中国人留学生はしばしば「中国の経済発展は大きい可能性がある」と書き，英語を母語とする留学生は「戦争になる高い可能性がある」と書くが，日本語母語話者にはなんとなく落ち着きが悪く感じる。それぞれ「中国の経済は発展する可能性が大きい」，「戦争になる可能性が高い」とすると日本語として自然になる。

程度を含む名詞「可能性」がその度合いを示すのに形容詞を用いる場合「可能性が大きい」のように〈程度名詞＋が＋形容詞〉として形容詞を述部にもってくる用法が多いのだろうか。それとも「大きい可能性」のように〈形容詞＋程度名詞〉として形容詞が程度名詞を修飾する用法が多いのだろうか。

また，程度の度合いの大きいことを示すために「大きい」「高い」「強い」「濃い」「多い」を，小さいことを示すために「小さい」「低い」「弱い」「薄い」「軽い」「少ない」のいくつかの異なる形容詞と共起するが，それらに使い分けはあるのだろうか。

2. 〈「可能性」＋が＋形容詞〉・〈形容詞＋「可能性」〉

次の表10と表11は朝日新聞のCD-HIASK '95の2ヶ月分から「可能性」をフリーキーワードとして検索し，「可能性」と共起する形容詞の用例数を表10〈「可能性」＋が＋形容詞〉用法と表11〈形容詞＋「可能性」〉用法に分けて示したものである。

表10-1 〈「可能性」+が+形容詞〉（程度の度合いの大きいことを示す場合）

	高い	大きい	強い	濃い	多い		合計
可能性	69	40	54	3	2		168

表10-2 〈「可能性」+が+形容詞〉（程度の度合いの小さいことを示す場合）

	低い	小さい	弱い	薄い	少ない		合計
可能性	7	13	0	12	12		44

表11-1 〈形容詞+「可能性」〉（程度の度合いの大きいことを示す場合）

	高い	大きい	強い	濃い	多い	大きな	合計
可能性	0	0	0	0	0	0	0

表11-2 〈形容詞+「可能性」〉（程度の度合いの小さいことを示す場合）

	低い	小さい	弱い	薄い	少ない	小さな	合計
可能性	0	0	0	0	0	1	1

　表10と表11から分かるように，「可能性」が形容詞を用いてその度合いを示す場合，〈「可能性」+が+形容詞〉が212例あったのに対して，〈形容詞+「可能性」〉はわずか1例である。その1例も連体詞の「小さな」が用いられている。このことから，〈「可能性」+が+形容詞〉のほうが圧倒的に多いことがわかる。

3. 〈「可能性」+が+形容詞〉が多い理由

　これには二つの理由が考えられる。一つは「可能性」は抽象的な名詞のため形容詞によって修飾しづらくなることによる。このことは例えば具体的な名詞である「家」と比較するとよくわかる。「家」はその大きさ・形・色彩・価値・位置など家の持つ諸側面から「大きい家・四角い家・白い家・（値段の）高い家・駅から遠い家…」のようにいろいろな形容詞によって修飾することができる。ところが「可能性」のような抽象的な名詞はその特質が取り出しにくく，「家」のように特定な形容詞で直接名詞を修飾しづらいため，〈「可能性」+が+形容詞〉の用法が用いられると考えられる。

　もう一つの理由は，程度名詞はその性質上(1)の点線の部分のように「可能性」の内容を述べる必要があることによる。

(1) アルバイト先から帰宅する途中に被害に遭った可能性が大きい。

　これを (2) のように点線の部分のすぐ後に程度の度合いを示す「大きい」を挿入すると、形容詞「大きい」は目立たなくなってしまう。

(2) アルバイト先から帰宅する途中に被害に遭った大きい可能性がある。

この二つのことから、「可能性」の程度の度合いを明らかにするためには〈「可能性」＋が＋形容詞〉という用法を取らざるを得ないこととなる。

4. 程度の度合いの大・小と5種類の形容詞

　表10と表11から、程度の度合いの大きいことを示す用例数と、小さいことを示す用例数を比べると、度合いの大きいことを示す形容詞の用例数の方が約4倍多い。これは表現行為において、普通はその程度の度合いの大きいことを表現することのほうが多いからだと言えよう。

　「可能性」の程度の度合いを表す形容詞としては表にあるように〈高い—低い〉〈大きい—小さい〉〈強い—(弱い)〉〈濃い—薄い〉〈多い—少ない〉の5種類の相対形容詞と1種類の連体詞〈(大きな)—小さな〉が用いられている。これらの形容詞、連体詞の基本的な意味は次のとおりである。

　　高い—低い　　　…空間的な基準面からの隔たりの程度
　　大きい—小さい　…空間に占める量の程度
　　((大きな)—小さな)
　　強い—(弱い)　　…能力・技・量の程度
　　濃い—薄い　　　…色彩・感覚や味覚の程度
　　多い—少ない　　…数量の程度

どれも基本的な形容詞であるが、これらの形容詞が「可能性」のような抽象概念を表す程度名詞に使用されると、程度を表す意味が顕著になる。

5. 形容詞の使い分け

　程度の度合いの大きいことを示す形容詞は〈高い〉〈大きい〉〈濃い〉〈多い〉が用いられているが、どのように使い分けられているのだろうか。ここでは用例の多い〈高い(69)〉〈大きい(40)〉〈強い(54)〉がどのように使い分けられているかを「可能性」の修飾部の内容が同じような地震関連の文章を選び考

えていく。

(3)　兵庫県南部地震で最も被害が大きかった神戸市での揺れは最大で秒速五五・一センチだったことが十九日，関西地震観測研究協議会（座長＝土岐憲三・京大教授）の観測でわかった。これほどの揺れの観測は，国内では過去に例がないという。「このデータは地中でのもの。地盤のゆるいところやビルの高層階はもっと激しい揺れだった可能性が大きい。」（同協議会）と指摘，最大震度7（激震）に相当するとの見方が強い。
　同協議会は大阪府と兵庫県内に強震計を設置している。そのうち，地震の被害が大きい神戸市内二ヵ所，尼崎市内一ヵ所の計三ヵ所の記録から解析された。　　　　　　　　　　（朝日新聞1995年1月20日）

(4)　阪神大震災による被害の大きな地域は，長さ約二十五キロ，幅約二キロの帯状になって続いていることが，二十七日，嶋本利彦・東大地震研助教授らの現地調査であきらかになった。研究グループはこの「震災の帯」にあたるJR神戸駅の南西約一キロ地点から西宮駅方面にかけて，新たな断層が活動した可能性が高い，と指摘している。
　　　　　　　　　　　　　　　　　　　　　　　（同1月28日）

(5)　同消防署によると，液状化現象が起きたと見られる同市常松一丁目は，橋脚の上半分が押しつぶされ線路が約二十メートルにわたって宙に浮いた地点から約三百メートル西。二本の橋脚の根元からヘドロ状になって砂のようなものが噴き出て，約十平方メートルにわたって水たまりのように広がっていた。堂本嘉巳・尼崎市消防局長は「液状化現象による可能性が強い。地形や地層を再度検証し，補強して復旧する必要があると思う」と話している。　　　　　　　　（同1月18日）

(3)は強震計の記録の解析結果から揺れの最大秒速を出しているが，データはあくまでも地中のものであり，地盤のゆるいところやビルの高層階の揺れについては推測しているに過ぎない。(4)は現地調査の結果，新たな断層が活動し

たであろうことを推測している。(5) は前の文の二重線部分が液状化現象が起きていただろうことの確証となっている。3 例ともそれぞれある事実からその可能性を述べているが，(3)→(4)→(5) になるに従い確信度の度合いが大きくなる。

　これは他の例にも言えることである。(6) (7) (8) の例を見てみよう。

(6)　一方，「大失業時代」は来ないだろうという予測の根拠は，新卒者や四十歳以下の労働者の賃金が一〇～二〇％下がれば，サービス分野などで新しい企業が生まれる可能性が大きいからだ。

（朝日新聞 1995 年 1 月 5 日）

(7)　大手メーカーだと，工場が全国に分散しており，各工場に生産の余力もあるので，全体の生産量が落ちなくて済む可能性が高い。

（同 1 月 19 日）

(8)　小野巡査長は十七日以降，神戸市内で行方不明者の救出にあたっていた。連日の激務や通勤に時間を取られて睡眠不足だった。県警は過労死の可能性が強いとみている。

（同 1 月 27 日）

(6) のような仮説に基づいた予測には〈大きい〉が，(7) のようにある程度理由がある場合は〈高い〉が，そして根拠がかなり明らかな場合は (8) のように〈強い〉が用いられる。

　つまり，〈大きい〉〈高い〉〈強い〉の使い分けは，確信度の度合いによるものであり，大きい→高い→強いの順に度合いが大きくなる。

　一方，〈高い (69)〉の頻度が最も多いということは，〈高い〉が「可能性」の程度の度合いの大きいことをいう標準的な形容詞であるからだといえよう。

　「可能性」は漠然とした語であるが，その漠然性が使用頻度を高くし，程度の度合いが大きいことを示す場合は，〈高い〉〈大きい〉〈強い〉〈濃い〉〈多い〉の形容詞と共起する。そして，どの形容詞と共起してもほとんど意味の差はなく，ただ確信度の違いだけが存在することになる。

6. 結　　論

「可能性」が程度の度合いを示す場合，どのような形容詞と共起し，その形容詞が修飾語として使われるか，あるいは述語として使われるかは各言語によって異なる。日本語では「可能性」のような抽象的な内容を示す名詞と共起する形容詞は〈高い―低い〉〈大きい―小さい〉〈強い―弱い〉〈濃い―薄い〉〈多い―少ない〉のような基本的な形容詞が用いられ，普通〈名詞＋が＋形容詞〉のように形容詞を述部にもってくる用法が一般的である。

■ 発展問題

(1) 程度名詞には「密度」「比重」「確率」などがあるが，どのような形容詞と共起し，また，そのとき，形容詞は〈程度名詞＋が＋形容詞〉あるいは〈形容詞＋程度名詞〉のどちらで用いられることが多いか。新聞や google などで調べてみよう。

(2) 程度名詞がいくつかの形容詞と共起する場合，使い分けがあるかどうか調べてみよう。

(3) 「高い可能性」「濃い密度」「大きな比重」のように〈形容詞＋程度名詞〉が用いられるのはどのような場合が多いか考えてみよう。

(4) 「小さい可能性」と「小さな可能性」をくらべた場合，「小さな可能性」の方が使用頻度が高い。その理由を考えてみよう。

■ 参考文献

1) 秋元美晴「程度名詞と形容詞の連語性」(『日本語教育』102 号，日本語教育学会，1999)
2) 川出才紀「基本形容詞のプロトタイプ構造」(『信州大学教養部紀要』27 号，信州大学教養部，1993)
3) 久島　茂「日本語の量を表す形容詞の意味体系と量カテゴリーの普遍性」(『言語研究』104 号，言語学会，1993)
4) 国広哲弥『意味論の方法』(大修館書店，1982)
5) 曹　紅全・仁科喜久子「中国人学習者の作文誤用例から見る共起表現の習得及び教育への提言—名詞と形容詞及び形容動詞の共起表現について—」(『日本語教育』130 号，日

本語教育学会，2006)
6) 西尾寅弥『形容詞の意味・用法の記述的研究』(秀英出版，1972)
7) 仁田義雄「日本語文法における形容詞」(『言語』27巻3号，大修館書店，1998)
8) 宮島達夫「形容詞の語形と用法」(『計量国語学』19巻2号，計量国語学会，1993)

第10章 異言語・異文化との出会いによりどんなことが起きるか？

【言語文化学・対照言語学・日本語教育学】

キーワード：母語，パロル，ラング，精神文化，場面

1. 母語と異言語

　自らの母語を非母語話者に指し示すとはどういうことか。それは母語が，当然ながら自在に操れるということとは全く違う。日本語を学習しようとする人に日本語とはどんな言語かを示し，自在にコミュニケーションにおいて使えるように導く。そのためにはまず自らが，対象となる日本語について知らなければならない。日本語を知るとは使えるということではない。

　ここにある問題は一つに自らが意識して母語を習得してきたのではないということに起因する。意識的に習い覚えたことを後に続く者に教えることは比較的たやすい。ところが，母語はそのようにして身につけたものではない。生れ落ちた時から耳にし，それによるコミュニケーションの溢れる中で息をし，食し，行動し，つまり，生存・生活してきた。そこで次第に身につけてきたのが母語である。使えるが，それを知らない人に説明することはできない，これが常態である。

　私たちはつまり，母語を空気のように感じている。その存在を自明の大前提としている。それがなくなった状態は通常考えることができず，それに類する状況に陥って初めて母語の意義に気付く。その状況とは異文化の触れ合う場である。そこでは母語の意義のみならず，母語により伝えられた精神文化のもつ意味について初めて知る，意識することになる。以下，特に第12章でその具体例を見る。ここではまず，知識としての異文化接触の場合について考えよう。

　鈴木孝夫『ことばと文化』の一節で次のように日本語，英語，マレー語が比

較対照されている。

> 化学式では，H_2O で示すことができる物質は，日常的な日本語では温度及び様態によって，「氷」「水」「湯」の三つに区別して呼ばれている。それが英語では，ice, water の二つであり，マレー語では ayěr 一つしかない。
>
> （鈴木 1973 p.37）

　ここに中国語の場合を加えるなら，「氷」「水」の二つとなり，英語と同じ型である。中国語では日本語の「湯」に相当するのは「開水」（「熱水」もある）であり，この「水」は英語の 'water' 同様，日本語と違って，「冷たい」という属性を持たないということが言える。ちなみに，中国語の「湯」は「スープ」の意。これだけの比較対照でも四つのラングにおいて外界の切り取り方に三種類あることがわかる。
　中国語母語話者で台湾の大学の日本語科を卒業後，日本へ留学した大学院生は対照言語学の授業でこのことを知り，次のようなメモ（筆者が学生に毎授業後，課している）を書いた。

> 日本語の「湯」及び「熱湯」は英語では 'hot water'，中国語では「熱水」と呼ばれている。なぜ，日本語では沸いた水を「熱い水」じゃなくて，「湯」と呼ぶのか不思議だ。

一方，日本語母語話者の大学院生はこう書いた。

> 当たり前のように「水」と「湯」という単語を使い分けている私にとっては，この二語が 'water'，「水」という一語でそれぞれ表わされているということが感覚的に掴みにくい。なぜ，欧米人，中国人には温度で区別する必要がないのかが疑問だ。

同じ授業を受けた，母語を異にする学生が正反対のことを記した。共に，各々の母語をもとに外界を見ており，異言語の外界の見方を我が物にはできず困惑している。異なる言語文化を知った時の自然な反応と言えるだろう。
　この段階を経て，次に，その違いが何に基づくのかを理解する中で，次第に自己の属す文化の外界の見方を客観視して行くことになる。金田一春彦は日本語に「湯」という単語がある理由を次のように述べる。

それは，日本は世界で有名な温泉国だからである。（金田一 1988 p.169）

この H_2O の例はマレー語から日本語まで，そのラングを作り上げた民族集団がどのような自然条件の下に生きたかを物語る。さらに，自然条件と関わる生産条件によっても外界の切り取り方は異なり，どんな単語が作られるかの違いとなる。こうした例は言わばモノとして指し示すことのできる単語に関してである。後の節で触れる分類では客体的表現に属すものとなる。

2. 異なるラングの学習・教育に必要な視点と方法

　私たちは日常どのように言葉を使っているだろうか。或る夏，摂氏 35 度にも上る日，「ああ，アツ〜イ！」とつい発する。これは話し手が自分の内的な状態を表出することである。このように表出したことで，表出以前とは違う現象が起きる。表出したことで気分がさっぱりし，暑さのことが意識から消え去る場合。逆に，発した言葉によって暑さに意識が集中し，不快さが増す場合。また，表出であっても言葉を発する以上は通常，周囲に誰かがいる状況においてである。そこで，一方の聞き手に目を移せば，聞き手の気分に影響を与える，聞き手に何らかの反応を起こさせる，ということが考えられる。「本当に今日はね」という共感の表明。これにより，話し手の気分が落ち着く。「そんなこと言ってる場合じゃないでしょ！」という叱咤の声。これを聞いて，忘れていた自分の状況を思い起こす。どんな言葉が返るかで話し手の意識にも何らかの変化が起きる。

　人は今までこのようにさまざまなコミュニケーションを行い，思いを伝え合い，あるいは情報を交換し合って生きてきた。誰かを相手に言葉を発し，聞き手と話し手が入れ替わり，互いに何らかの意味で影響を与え合う。言葉を発するということは必然的にこのような相互作用をもたらす。コミュニケーション行動において，人が或る時，他の人に対して行う，具体的，個人的発話をパロルと呼ぶが，ここに言葉の始源的姿がある。やがて，コミュニケーションを交わす集団内で，それをよりよく行うための一定の形式が獲得され，体系化をみるに至って，ラングが成立する。すると，ラングという体系は共同体内での約束事となり，これを守った範囲で発話しないと通じなくなってくる。

日本語とか英語，中国語等々と呼ばれるそれぞれのラングは集団において，その生存活動や生活を通して作られ，継承されてきた精神的な財産である。誰もが通常は誕生，成長と共に，母語というラングを習得するが，現代社会ではそれ以外のラングとしての異言語を学習する機会や必要性が増している。ラング A を母語とする者がラング B を習得するに当たって，その成功の可否や程度には多くの場合，両者の言語系統の違いが関わる。日本語は現在のところ，言語系統としては孤立したものとされる。それを学習し，場合によっては生涯使うことになる「第二の母語」(田中 1988 p.9) として獲得する必要をもつ人も日本語学習者には存在する。そんな学習者に日本語とはこんな言語だと母語話者が示して見せることは実は想像以上に難しい。

　その理由の一は第二言語教育には，言語行動として相互作用を行い得るに至ることが目標となり，それを実現させるには言語の世界内にとどまる記述，説明では明らかに限界があるということである。ラングという体系内での記述，説明に終始する言語研究はブンゲ (1986 p.10) により，「純粋言語学」と称される。この限界を破り，人類学，社会学，心理学，大脳生理学等と交差する学際領域での探究がまず必要となる。この立場に立ち，言語とは精神文化であるとする言語文化学の視点から迫ることの有効性を検討することが必要となる。理由の二としては日本語を客観視する目を持つことの必要性が挙げられる。これも難題である。この実現に有効なものとしては対照言語学の方法を挙げることができる。第 11 章から第 14 章での検討は言語文化学の視点を根底に据え，対照言語学の手法を使って行うことになる。

3. 精神文化を根底で支える言葉

　日本社会に他の文化の人がやってくる。日本語を母語とする人がその人と接する。必然的に，日本社会でのコミュニケーション法を何らかの形で示すことになり，相手もそれを学び取ろうとする。そこにあるのは異なる文化の出会いである。

　やってきた人は自分の母語を持っている。一つのラングにはそれを使って何十世代にわたり生きてきた人々の一定の精神活動が刻み込まれている。この，先人の作り上げた言語を後人は身につけ，外界をどう見，感じ，考えるかに関

して無意識の内に指針とし，また，同時に制約も受け，その人の今を生きる。先人の精神活動は言語記号を核として脈々と伝えられて来た。言葉には先人の精神活動が一定の形式で納められており，これを仲介として後人の精神活動は開始される。こうした意味で，言葉はそれを核として生きた人々の精神文化を映し出す。「精神文化」とは19世紀ドイツの言語哲学者フンボルトにより物質的文化が「文明」とされ，精神的文化が「文化」と分類された（岩波哲学小辞典『文化』の項）ことに基づいて使うことにする。

　言葉と精神文化の不可分性に焦点を当てた言語観に立ち，言葉を言語文化と捉えるところから，言語文化学という学際領域（『日本語学辞典』「言語文化論」の項）が成立する。この言語観からは異文化と接触した日本語社会と日本語に起きる変化として以下のようなことが想定される。なお，言語社会，日本語社会という言い方をするが，これは社会を精神文化の核としてある言語，日本語との不可分な関係に注目する見方に基づく。

　さて，その変化とはどんなことか。日本語を母語とする者は異なる言語，精神文化をもつ相手と接し，やがて，接する以前とは違う精神の働きを我が物とする。やってきた人にも，程度の差はあれ，精神の働きに同じような変化が起きる。接した人同士は相互に相手の精神文化を知ることになる。こうしたことの集積として日本語社会には，まず日本語に映し出された精神活動を相対化，対象化する目，客観視しようとする意識が生まれる。母語を振り返る契機を得たということである。それは自らの属す文化のもつ視点を大前提と，自明のものとしていた自分自身を今までとは違う角度から見つめることに通じる。次いで，こうしたことが一人ひとりの身に起き，その各人の精神活動が集積され，日本語がそれ以前にはなかったものを身に付けた，より豊かなものへ変貌するということが想定できよう。

　「言語文化学」は，人間，その属す社会集団，そこでのコミュニケーションとして発した言葉，その言葉を耳にし，口にする際に働く人の感情，心理，思考という多くのものを全体として捉え，考えようとする学際領域であり，まだ新しい分野である。一言で言えば，長期にわたり育まれた人間の精神活動と言葉とを不可分なものとして見て行こうとするものである。

4. 意識状態と発話の形

　第2節で母語話者が非母語話者にその母語の何たるかを指し示すことは難しいとした。その理由の一つとして，ここでは，言語についての説明は言語の世界内にとどまっていたのでは限界があるということを指摘したい。これは言語形式がコミュニケーションにおいて核として意識されるが，それは伝達行動の部分を占めるものでしかないということである。

　このことは学習者がこうした言葉の生きた姿を掴み，使えるようにすることを言語教育の目標とすることに通じる。また，言葉を学ぶことでその社会の精神文化を見に付けることを意識的に行うことに通じる。社会人類学（または文化人類学）では

　　「文化」は考え方，感じ方，行動の仕方のパターンを指す。

(Hofstede 1997 p.5)

とある。この場合「行動」とは大脳生理学における意志的行動であるという限定を明確にしておきたい。人は家族を通じ，何らかの意味で或る集団に属している。そのため，まず，日常，特に意識することはないが，話者の属す文化，集団で継承されてきた感じ方，考え方，行動のパターン等の一種の規制を受けて生活している。次に，より直接的には，発話に対しての相手方の反応，周囲にいる人々に生じる雰囲気等々の，周辺言語を含めた全体から伝わってくる規制がある。

　コミュニケーションには話し手，伝える内容，聞き手の三者が不可欠とされるが，具体的な状況を当事者意識をもって想起すると少し様相が違って来る。話し手の一定の認識のまとまりを言語化したものとして発話はなされるが，その場の状況やその時点までの相手との関わり次第で話し手の意識状態は違う。それにより，何をどう発話するかは変わって来る。この点に注目した時枝誠記は上の三者，つまり，話し手,伝える内容,聞き手の内,「聞き手」に代わって「場面」という概念を提唱した。これは聞き手を中心とするが，それだけでなく，その場の状況全体を指す。具体的な言語表現は

　　常に我々の何らかの意識状態の下に　　　　　（時枝1941 p.45）

なされる。その意識状態はその場にどんな人がいるか，話の相手はどんな人か等々により変わる。私的な会話か，公的な場か，相手とはどんな関係にあるの

か，過去の関係から相手に対してどんな気持ちを持っているか，現実に相手が自分の言葉にどんな反応を示しているか，等々で，話し手の気分は異なる。この極めて具体的，現実的な，経験し得る状況を想起することの意義を時枝は説いたと言えよう。この，場面における意識状態は「対人的意識状態」と称することができよう。

どのラングについて解明しようとするのであれ，ここで起きる具体的な意識状態と発話内容との関係を説明し得るのは母語話者である。この部分の解明にはまず内省が必要であり，次に，そこから得られた内容を客観的に説明することが必要になる。日本語を母語とする者のコミュニケーションについて説くには話し手の意識状態がどんなものであり，その結果として，どんな言語記号化がなされるかを解明することが必須となる。異言語を習得する際に最も難しいとよく言われるのも，話者の意識状態に関わる部分，それを表現する部分である。例えば，英語なら冠詞の選択がその一つである。なぜここでは不定冠詞でなく定冠詞なのか，というように。そして，それを母語話者として当然ながら間違いなく使う人にその選択の基準・方法について尋ねても，普通，答は戻って来ない。

5. 相互作用により形成される意識

発話者，そして，発話内容は相手の意識や応答の内容を大きく変え得る。これは当事者としてより，第三者として観察することから明確になることが多いようだ。当事者であると客観視しにくくなることを，特に，幼児という表現の次元で作為の少ないケースから見ることにしよう。

ここに講演会や研修会の間の2時間ほどを託児ボランティアとして過ごした経験をもつ人による報告がある。子供は様々な様子で親を待つ。会合が終了し，待っていた子に親が掛ける言葉に二種類あるという。それにより，子の反応も二種類に分かれる。歓声をあげる子と急に泣き出す子。親が子供に向かって掛ける言葉を二分すると，A「ごめんね」とB「ありがとう」である。

（A）「遅くなってごめんね。悪かったね」
（B）「待ってくれて有難う。ママもよく勉強できて嬉しかった」
子供の反応は

(1) ひときわ泣き叫ぶ
(2) 跳びはねて目を輝かせ，ボランティアに向かって「ありがとう」と手を振る

に分かれる。A型の言葉には (1)，B型の言葉には (2)，の反応が起きる（朝日新聞2005年3月3日）。親が自分でも特に意識することなく発した言葉がこのように聞き手としての子どもに大きな反応の差を見せる。親と子という二人の間の言葉の連鎖は続き，そこに様々な関係が形成され，また，感じ方，考え方が方向付けられる。

　どんな言葉が発されたかにより，聞き手の意識は或る形や方向を明確にして行く。それは当事者間で相互に作用し合う。この，当事者の意識状態，心理状況と不可分で，相互作用をもつ言語行動というダイナミックな姿が言葉の現実であり，こうしたものの集成として或る社会集団の精神文化としての言語が作られる。日本語と日本社会の精神文化もこのようにして作られてきた。ただし，上で見た二つの型には下位文化としての二種の家庭の在り方を見て取ることが可能である。

　第1節で客体的な表現としての単語が外界をどう切り取るかの違いを見た。そこには集団を規定する自然条件が要因として働いていた。本節で見たコミュニケーションの実態は話者の対人的意識状態という別次元のものである。この領域は言語形式に関して言えば，単語でなく，文というレベルで考察すべきものであろう。対比的に示せば，「文」は個人的な認識を示し，「単語」は非個人的である。日本語では「文」はこの非個人的部分に加えて，「主体的表現」という個人的部分に比重を割くことによって示される。「主体的表現」は第1節で見たような客体的表現と対をなす。日本社会の集団の成り立ち，特質と関わることだが，日本語は主体的表現が発達したラングと言えそうである。相互に似通った意識状態自体は人間としての普遍性として，異なるラングをもつ社会，文化にもあるはずだが，ラングによっては第11章，第14章で見るように声調，身振りなどの周辺言語で表示されており，日本語ではそれが言語記号化されているということは一つの特質と言えるのではないか。これについては次章以下で見て行くことになる。

■ 発展問題

(1) 日本語と異言語との単語の対応関係について，モノに関する場合を例に具体的に調べ，そこにあるズレとか差異から考えられることについてまとめてみよう。

(2) 相手によって話しやすい，話しにくいという違いは誰でも感じるものだろう。これは1) 相手がどんな言動を取る人である時に，2) 自分が相手をどう捉えた時に，感じるものだと思うか。また，それぞれにおける自分の感覚や捉え方がどんなことに発するものかについて説明してみよう。

■ 参考文献

1) 粟田賢三・古在由重編『岩波哲学小辞典』(岩波書店，1979)
2) 金田一春彦『日本語　新版（上）』(岩波書店，1988)
3) 杉本つとむ・岩淵　匡編『新版　日本語学辞典』(おうふう，1994)
4) 鈴木孝夫『ことばと文化』(岩波書店，1973)
5) 田中　望『日本語教育の方法』(大修館書店，1988)
6) 樽谷浩子「ひととき」欄（朝日新聞〔大阪版〕2005年3月3日 p.27）
7) 時枝誠記『国語学原論』(岩波書店，1941)
8) ブンゲ，M.（氏家洋子訳）『言語とは何か：その哲学的問題への学際的視点』(誠信書房，1986)（原著：Bunge, M.(1984) "Philosophical Problems in Linguistics" *Erkenntnis*, vol.21, No.2 pp.107-173）
9) Hofstede, G. (1991, 1997) *Cultures and Organizations : Software of the mind*, McGraw-Hill（岩井紀子・岩井八郎訳『多文化世界』有斐閣，1995）

第11章 日本語学習の難しさは「主体的表現」にあると言えるか？

【対照言語学・認識と言語・日本語教育】

キーワード：主体的表現，客体的表現，辞，終助詞，モダリティー

1. 日本語における「主体的表現」

　母語を非母語話者に教えるチャンスが与えられると，母語の客観的姿を知る必要に迫られる。学習者が困難な問題にぶつかった時，どこまでその解決が図れるかは教授者が母語の客観的姿をどれだけ捉えているかによって違って来る。自らが異言語を学び取ろうという立場も，異なる二つの言語が出会う地点での格闘という意味で，類似した経験の場となる。母語の客観的姿と言ったが，学習者泣かせとなるのがどんな点なのか，その特質を捉えることが一つのポイントとなろう。日本語に限らず，また，母語の違いを超えて，学習者が習得に苦労するものの一つに「主体的表現」部分があるのではないか。日本語はこの部分の言語記号獲得に一定程度至ったという一つの特質を持つと推測される。
　まず，理論的分析として，鎌倉時代に始まり近世に至るまでの日本語研究の伝統を引き継ぎ，それに修正を加えて来た時枝誠記の論を検討することから始めたい。1953年「言語における主体的なもの」で時枝は次のように説く。言語とは主体的な表現及び理解の行為であり，この内，表現行為に関して見ると，言語主体としての話者の所産は客体的表現と主体的表現の二部分から成る。前者は客体化された，つまり概念化された表現であり，後者は直接的表現，主体的態度の表現である。具体的な発話で見ると次のようになる。
「ああ，驚いた。林さんが大声で笑っている。」と或る話者が言ったとする。この発話を以下のように A-1, A-2, B と分ける。

　A-1　ああ

A-2　驚いた
B　林さんが大声で笑っている

Bは話者の〔A-1 + A-2〕なる感情の対象となった事実の客体的表現であり，〔A-1 + A-2〕はその客体的事実に対する話者の感情の表現である。〔A-1 + A-2〕はBとの関係から言えば，話者の主体的なものの表現である。この内，A-1は主体的なものをそのまま直接，表現したものであり，A-2はその感情を客体的に表現したものだが，ただし，その根源はA-1と同じく話者の感情である。つまり，表現という点ではA-1は主体的なものの直接表現，A-2とBは客体的表現となる。

2. 2種の主体的表現

　ここで，すでに時枝が『国語学原論』までに，この点に関し，明らかにしたことを確認しておくことが必要となろう。次のようなものである。日本語の語彙の中に性質が全く異なるものが存在し，それを「詞」と「辞」として対立させる考え方は近世以降，明らかにされてきた。この見方の発祥地点は鎌倉時代成立とされる『手爾葉大概抄』に見出だされる。ここには「詞」はあるが，「辞」という語は見られず，代わりに「てには」が使われている。「辞」という術語は近世国語学で使われるようになったが，「テニハ」または「テニオハ」と訓ませていることから，『手爾葉大概抄』を継承したものと認められる。このような歴史的見解を検討した結果，時枝は詞は客体的表現であり，辞は主体的表現である，両者はその表現性の点から見て次元を異にする，かつ，

　　辞は詞に対する主体的表現である

という説明を加える。

　ここで時枝は，主体的表現に新たなものを加える。1951年の「対人関係を構成する助詞，助動詞」では主体的表現が

　　1　詞に対する主体的表現としての機能をもつもの
　　2　聞き手に対する主体的立場を表現するもの

に二分される。1としては次のような例が挙がる。

1-1　今日か明日，伺います。
1-2　何百万円かが盗まれた。

「今日」「何百万円」というような詞によって表現される事柄が話者にとって確定的でないところから、「か」が加えられた。つまり、詞に対する主体的な気持ちの表現である。

　一方、同じく「か」でも次のようなものはどうか。

2-1　どうだ、欲しい<u>か</u>。

2-2　このことについてお考え下さいます<u>か</u>。

これらの場合も「欲しい」「お考え下さる」などの詞について、それへの疑いを表現しているが、同時に、聞き手に対して話者が疑問を投げかけていることを表現している。この一語を使うことによって話者と聞き手との間に質問者と被質問者という対人関係が構成されることになる。助詞「か」にはこうした二様の表現機能がある。近世国語学では後者の機能に注目できなかったが、これは文学作品としての和歌散文を対象にして来たために見落とすことになったと推定される。今日では対人的な思想の伝達や交換の機能が注目されるようになっており、この近世国語学の欠陥を補う必要があると強調している。

　そこで、上の2のような「対人関係を構成する」機能を担うものとして、感動詞のあるもの、つまり、「いえ」「こら」「はい」など、辞としての敬語「です」「ます」、「ね」「ぞ」「よ」「な」などの終助詞等々が挙げられた。

　なお、従来の伝統的な日本語文法の辞と、時枝の辞、と言うよりは正確には「主体的表現」、とで所属する品詞の違いがあるのでこれについて触れておく。これを便宜上、辞と主体的表現として区別することにしよう。辞に属すものはすべての助詞、助動詞であったが、主体的表現では助詞、特定の助動詞、感動詞、接続詞、陳述の副詞となる。1950年の『日本文法　口語篇』でこれらは明らかにされているが、陳述の副詞についてはここで詞からの移行を示唆している。

　主体的表現と客体的表現の次元の違いを主唱した時枝理論は一般には理解されにくかった。そんな中で、敬語の分類については辞と詞の敬語に対し辻村敏樹（つじむらとし）（1967）により対者敬語と素材敬語の名が付けられた。また、類型論のコムリ（Comrie 1976）によって紹介されたところから、ポライトネス理論のレヴィンソン（Brown and Levinson 1987）によって驚きをもって印欧語の伝統文法の誤りを是正する旨の紹介がなされるに至った（氏家1999, 2003, Ujiie

2000)。

3. 言語間での言語記号化のズレ

　主体的表現は日本語では一定程度の言語記号獲得に至っているとの推測を述べた。第14章で見る「やはり」などの含過程構造をもつ語もその一例である。異言語では類似した意識状態をどのように表現したり，せずにいたりするのであろうか。例えば英語で

　　What a beautiful flower it is!

のように疑問詞を使って感嘆を表わす方式は日本語の場合との共通性をもつ。

　　何てきれいな花でしょう。

また，上の英文に対応するものとしては

　　（まあ，）きれいな花だこと。

のように「こと」を使う場合も挙げることができよう。
英語では前節で見た「か」を使う疑問文に該当するものとして

　　Are you willing to think about it?

のように語順を転倒させる形を取る。疑問の場合に限らず，この語順を転倒させる方式は英文ではモダリティーの一となる。日本語ではやや考えにくいものであるため，こうした異言語の主体的表現は見落とす可能性がある。
　また，対応関係が語としては見つからず，周辺言語や従属節という形を取る場合もある。日本語でそれらに対応するものが単語の形で記号化されているのは状況共有性という日本語を育んだ社会集団の歴史的・地理的条件に規定された特質によると言えそうである。これについては「やはり」などの含過程構造をもつ語の場合で検討する（氏家1996）。
　それぞれのラングにより，何がどう記号化に至っているかには大きな違いがある。或る文化において異言語に早い段階で出会った人が自分の母語にないものに対し，どんな置換えをしてきたのかという問題がある。安易な形で対応語を与えてしまうとそれによって生じた誤りは大きな禍根を残すことになる。主体的表現はこの点に関してどうなのだろうか。
ここでは先の「1　詞に対する主体的表現としての機能をもつもの」から，「ねばならない」という連語を，「2　聞き手に対する主体的立場を表現するもの」

から，終助詞の例を取り上げて考えることにしよう。

4.「ねばならない」という表現を生み出すもの

「ねばならない」は今では「〜なければ（ならない）」「〜なくては（ならない）」などと言い，特に話し言葉では，末尾の「ならない」が省略されることもよくある。さらにくだけた形「〜なきゃ」「〜なくちゃ」等があるなど，これらで表現される意識のまとまりを人々がしばしば持ったことで，この連語が成立し，今も発展を続けていると推定される。非母語話者が日本語社会にやってきたら，耳につく表現というものがあるようだが，これもその一つではなかろうか。また，独り言や内言として多用される可能性もある。

知り合いに英語，日本語をそれぞれ母語とするカップルがいる。イギリス人の夫は日本学の専門家で日本語は玄人はだし。知り合った当時，夫は継続しては最長1年，合計3年間程度の滞日歴。生活の場は英国だが，家庭では専ら日本語で会話。結婚後10年余の時点であったが，このカップルが唯一争いになるのは，例えば，入院中の友人のお見舞いに妻が「行かなきゃ」と言う時。「行きたい（から行く）」と言うのでなければ行くなと夫が言う。これが事実であることの確認は両人の前で何回か取った。夫にはこの言い方は義務感で行くように聞こえる。しかし，妻には「お見舞いに行きたいから行く」という言い方は不自然で出て来ない。おそらく，夫は頭の中で 'would like to go' と「行きたい」を対応させているのではなかろうか。日本語能力から見れば学習者の域をとうに脱した夫に，母語話者ではない，学習者としての姿が垣間見られた機会と言えようか。

母語話者としては，「しなきゃ」という主体的表現を母語話者が口にしたり意識したりするのはどんな時なのかを改めて考える必要がある。「したい」という気持ちが無いわけではないのに「しなきゃ」という表現が取られる。それはどうまとめることができるだろうか。

1 生命維持や健康保持のために必要だと意識されていること。睡眠，入浴，洗顔等々。
2 社会的に価値ありとされていること。弱者をいたわる，然るべき人を敬う等。

3 人間関係を維持する上で必要だと意識されていること。約束を守る等。
4 自分で心に決めたこと。

まずざっと上のようなことが挙がる。1について言えば，「睡眠を取りたい」と意識する場合もある。1に「食事」が入るなら，これも「取りたい」時もあるし，また，「取らなきゃ」という場合もある。その時々，状況でどちらを強く意識する場合もあり得るのだが，「しなきゃ」と表現され得る場合として挙げた。

「お見舞いに行かなきゃ」は2の場合も3の場合も4の場合もあるのではないか。親しい友人達とのパーティーへの出席など，「行きたい」という気持ちが強い場合でも，例えば4が意識に上っている時には「行かなきゃ」が出る。以上のように分析することができるのではないか。となると，個人の意志や欲求を第一に考える英語文化の夫が「義務感」として排除したかった「行かなきゃ」という表現は 'must go' や 'have to go' の示すものと一対一では対応していないという推測が可能である。この推測が事実であるかを確かめるには，上で「しなきゃ」について見た1から4のようなことを 'must' や 'have to' について調べることが必要になる。仮にここで推測が事実であると証明されても，日常生活で意識され，口にされることが多いのは日本語社会では「行かなきゃ」，英語社会では 'would like to go' であるという事実は動かない。

日英語のどちらを母語としようとも，意識される内容自体を取り出せば可能性として大きな相違はないと推測することはできる。だが，どのように意識されるか，また，意識の焦点となるもの，あるいはそれらの習慣には相違があるのではないか。それが上の1～4であったり個人の意志であったりするために表現法の選択に差のあることが考えられる。日本語で書かれた文学作品の一節が次のように英訳されている。

美佐子さんにもいろいろ<u>聞いてみたい</u>んだけれど，その前によく君の方の腹を<u>たしかめて置く必要がある</u>んだ。　　　（谷崎 潤一郎『蓼喰ふ虫』）
I <u>want to talk</u> to her too, of course, but before that I'<u>d like to find out</u> exactly what you have in mind yourself.
　　　　　　（Seidensticker, E. G. 訳 *Some Prefer Nettles*）

初めの「たい」は 'want to' で，次の「〜する必要がある」は 'would like to' で対応させている。共に英語の「〜したい」系の表現である。英語でこちらが好まれる一例と言えようか。

5. 終助詞に記号化された主体的表現

発話の終結部で示される，話者の主体的表現であり，かつ，対人関係を構成する語に終助詞がある。代表的なものを挙げよう。

　J-1　危ない（わ）<u>ね</u>。
　J-2　危ない（わ）<u>よ</u>。

このような文字通り符号，マークのような短い語の中に対人関係構成という点ではそれぞれ大きな情報量がこめられている。この情報は表情やしぐさ，また，周辺言語としての声調などで伝達される部分の比重が大きいと推測されるが，それが記号化を見ているところに社会集団の或る特性を見出さざるを得ない。ふとついたため息でも周囲の人が聞き取り，その感情に対し，推察したり，気を回したりする，それが可能な集団で育った表現であり，それが持続し続けたために記号化を見たということである。異言語では果たせなかったこの記号化にこめられた意識内容は異文化の学習者にとっては掴みにくいものであろう。これらは周辺言語と言語記号との中間に位置づけられる性質を持つのではないか。共にこんな簡単な符号で示される，二種の終助詞で表わされる話者の意識には大きな違いがある。英語に置き換えるとその違いが歴然とする。

「ね」は一種の感動助詞であり，これが聞き手を同調者としての関係に置こうとする主体的な対場を表現することにつながり，対人関係を構成する。「ね，本当でしょう？」などの相手の注意を引くための呼びかけに使う感動詞に通じる。

　E-1　It's dangerous, <u>isn't it</u>?

英文においてはタグクエッションが使われることで，ほぼ相当する内容が表現される。しかし，タグクエッションは自分の発話内容に自信が持てないために使われることもある。「〜かね」など，疑問の助詞と組み合わせて使われる形に対応し得ることを考え合わせると，一対一で対応するものとは言えない。あくまでも置換えである。

次のJ-2,「よ」の場合はどうか。相手に自分の意思，判断を強調して伝える意識が記号化されたものであり，その使用は人間関係によってはその維持を困難にしかねないものである。待遇的配慮という観点から学習上，ポイントの一つにしておく必要がありそうだ。尤も，これが若年層の日本語に頻出している現象も注意しておく必要がある。

E-2　It's dangerous, I tell you.

ここでは新たな節が使われ，全体として重文となることで，ほぼ相当する内容が表現される。対応する語はないということである。'I tell you' に関しては次のような対訳の例がある。サイデンスティッカーによる訳で，英語として自然な表現が心がけられている。

私にかまはないで寝なさいってば。　　　　　（川端康成『雪国』）
Go on to sleep. Pay no attention to me, I tell you.
　　　　　　　　　　（Seidensticker, E. G. 訳 *Snow Country*)

「～しなさいってば」のみならず，「～しなさいったら」も 'I tell you.' に対応するものの一つであろう。いずれもコミュニケーション上，対人的な機能において「よ」に通じるものを持つ。'I tell you.' と「よ」との違いは前者が分析的な表現であるため，話者自身が自らの発話について意識的であり得ること，それに対し，後者は言語記号としては未分化な符号的なものであるために，話者自身，明確な意識状態でこの語を使っていないのではないかということである。それが，今述べた若年層の発話にこの語が多用される事態を招いた，という推測ができる。例えば，「言っておきますが，それは違います」という表現しか無ければ，言わないところを，「違いますよ」という表現ゆえに多用される。主体的表現は概念化されない，直接的表現であるために起きることであり，同時に聞き手に対しても，未分化な表現であるために感情を伴う反応を起こさせるのではないか。

これらの助詞の機能について従来の日本語学から少し離れた地点でどのような研究が行われたかについて付け加えておく。1990年代から日本でも盛んになった談話文法での分析以前にハインズ（Hinds 1976）が日本語の談話におけ

る話し手と聞き手の相互作用を指摘している。その後，マクグロイン（McGloin 1990）は確認・協調と強要の談話―指向の機能を，後に，メイナード（Maynard 1997）が文末の「相互作用―指向」「情報―指向」という談話機能を指摘した。ハンガリー語を母語とするヒダシ（Hidasi 1997）は典型的な印欧語とは対照的に日本語がコミュニケーション上，態度的機能を表現する手だてに優れた言語だとする。モダリティーが表面的に大変似通っている朝鮮語と日本語を話者の態度と意見（モダリティー）の文法化という点で比較対照した堀江ら（Horie 2003, Horie and Taira 2002）は前者が文の命題内容により関わる一方で，後者は相互作用性を指向するという違いを挙げる。日本語の特性の一つとして相互作用性は多くに認められるところとなっている。

以上，日本語学習の難しさが主体的表現にあるか否かについて検討してきた。朝鮮語母語話者の場合を除くと，答えはイエスとなりそうだ。日本語の主体的表現の習得が難しい理由は一つに学習者の母語では言語記号化されていない，それゆえ，意識することが少ないものだからということが言えそうだ。また，直接的で概念化されていない表現であるために，母語話者にも説明が難しいという問題がここに加わる。学習者に対しては日本語の主体的表現の示す意識内容や意識の在り方について，また，それがどんな状況で意識されるものなのかという具体的な説明を与えることが必須である。

■ 発展問題

(1) よく使う日本語の主体的表現を挙げてみよう。その中から一つを選んで，どんな場合にどんな意識状態を示すものとして使っているのかを列挙し，その内容を分類してみよう。

(2) 日本の小説で英訳書のあるものを探し，日本語の或る主体的表現がどう訳されているかを調べてみよう。そこからどのような結論が引き出せるか。

■ 参考文献

1) 氏家洋子『言語文化学の視点：「言わない」社会とことばの力』（おうふう，1996）
2) 氏家洋子「『辞』の敬語と消極的ポライトネス：聞き手に対する心的態度の表明」（『山口

大学教育学部研究論叢』49巻第一部，pp.41-45，山口大学教育学部，1999）
3) 氏家洋子「日本語にコード化された認識作用：言語過程説による印欧語文法記述の是正」（『埼玉学園大学紀要 人間学部篇』3号，2003）
4) 辻村敏樹『現代の敬語』（共文社，1967）
5) 時枝誠記『国語学原論』（岩波書店，1941）
6) 時枝誠記『日本文法 口語篇』（岩波書店，1950）
7) 時枝誠記「対人関係を構成する助詞，助動詞」（『国語・国文』20巻9号，1951：『文法・文章論』岩波書店，1975所収）
8) 時枝誠記「言語における主体的なもの」（『金田一博士古希記念 言語民俗論叢』三省堂，1953：現代国語教育論集成編集委員会編 浜本純逸編集・解説『現代国語教育論集成 時枝誠記』明治図書，1989所収）
9) Brown, P. and Levinson, S. (1987) *Politeness : some universals in language usage*, Cambridge Univ. Press
10) Comrie, B. (1976) "Linguistic politeness axes : speaker-addressee, speaker-referent, speaker-bystander", *Pragmatics Microfiche* 1.7：A3
11) Hidasi, J. (1997) "Cross-cultural differences in user's expectations", In Klaudy, K. and Kohn, J. (eds.), *Transferre Necesse Est*, Scholastica, pp.97-101
12) Hinds, J. (1976) *Aspects of Japanese Discourse Structure*, Kaitakusha
13) Horie, K. (2003) "Modality from a typological viewpoint and discourse modality : on the basis of Japanese-Korean", Presented at 1st Conference of Japanese Association for Contrastive Linguistic Activities, Tokyo（第1回日本対照言語行動学研究会（東京外語大本郷サテライト）講演）
14) Horie, K. and Taira, K. (2002) "Where Korean and Japanese differ : modality versus discourse modality", In Akatsuka, N. and Strauss, S. (eds.), *Japanese/Korean Linguistics* No.10, CSLI, distributed by Cambridge Univ. press, pp.178-191
15) Maynard, S. K. (1997) *Japanese Communication*, Hawaii Univ. Press
16) McGloin, N. H. (1990) "Sex differences and sentence-final particles", In Ide, S. and McGloin, N. H. (eds.), *Aspects of Japanese Women's Language*, Kuroshio-publishers, pp.23-41
17) Ujiie, Y. (2000) "Politeness and Japanese honorifics : Addressee honorifics as a marker of speaker-hearer distance", *Bulletin of the Faculty of Education, Yamaguchi University* vol. L, PT. 1, 1-10

■ 資料として使用した文献

1) 谷崎潤一郎『蓼喰ふ虫』（谷崎潤一郎文庫，中央公論社）p.48
2) Seidensticker, E. G. 訳 *Some Prefer Nettles*, Knopf, p.45
3) 川端康成『雪国』（新潮文庫，新潮社）p.33
4) Seidensticker, E. G. 訳 *Snow Country*, Charles E. Tuttle Company, p.36

第 12 章　日本語ではどんな客体的表現が継承されてきたか？

【対照言語学・日本語教育学・社会心理学】

キーワード：甘え，誠実，'sincere'，集団主義文化，感情表現

1. 社会的条件に規定された概念形成

　日本語の話し言葉の特徴として，相槌を頻繁に打つ，フィラーに多様な言い方がある，などという点が挙げられる。第 11 章で見た主体的表現の内，特に聞き手指向のそれの記号化の発達はこの延長線上に実現したと見ることができよう。つぶやきもため息もうめきも，そうした内的状態の表出が周囲に伝わり，何らかの反応が返る。その繰り返しの中からそれらは信号として機能し，やがて，記号化を見るに至る。言葉の生成に至る最も基本的な姿だが，英語等では記号化されるものが少ない，話者のフィラーなど，概念化以前の未分化な心的状態の多様な記号化を可能にしたものは静態的社会と呼ばれるような集団の状況の持続と言えるのではなかろうか。

　それでは直接的で概念的ではない主体的表現に対して，客体的表現の方はどうだろうか。概念化されている以上，日本語の学習，また，教育において，学習者への説明やそのもとになる記述，解説はより容易なはずである。文化の特質を担うと想定される単語を分類して，自然的条件，生産的条件，社会的条件にそれぞれ規定された概念の記号と考えてみてはどうだろうか。自然的条件についてはその事象を見聞きすることで学習上の困難は乗り越えられるということが明らかにされている（Furth, 1966）。生産的条件に関してもほぼ同様のことが言えるであろう。

　言語行動における主体が集団内で生活するという点に注目した時，他者との関係等，社会的な条件の違いによって，形成される概念，その記号としての単

語等に違いは見られるだろうか。社会的条件による規定としては (1) 社会集団内の対人関係, (2) 集団をコントロールする力, を要因とするものなどの種別が想定できる。(1) には集団の特性とは関わりなく人間関係の中から自然発生的に出来上がるものと, 集団の特性に発する, つまり, (2) と併せて考えるべきものとがあろう。

　本章では社会的条件に規定されたと見られる日本語について考える。日本語が, 日本語の土壌である精神文化が, 異文化と何らかの形で出会い, 衝撃を受けたり, 相手側が違和感を感じたり, というような局面をいくつか見て行く。その局面の検討から日本語, そこに横たわる概念形成の特質が浮かび上るようである。

2. カルチャーショックと日本的概念の発見

　日本では1971年に土居健郎『「甘え」の構造』が世に出るまで, 「甘え」という概念やそれを示す語の存在は自明の大前提として特に意識されることはなかった。まして, その心理を指す語が存在しない文化があるなどとは思ってもみなかった。ところが, 精神分析医の土居が1950年に渡米し, 日本社会では味わうことのないような心理経験をしたことをきっかけとして状況は一変した。つまり, 土居は彼の地で, 当然のこととして持っていた期待が裏切られたことにより, 後にカルチャーショックと呼んだ驚きと共に, 我がうちにある他人の好意を期待する心理の存在に気付かされた。異なる精神文化の出会う地点でドラマは繰り広げられる。後に, バイリンガルの女性（両親が日英語をそれぞれ母語とする）が自分の子どもの相談に土居の下を訪れた時, 英語で話し合う中で「この子は小さい時, 甘えませんでした」という一文だけを日本語で話した。理由はこれは英語では表現できないからということであった。その他にも, 「すねる」「ひがむ」「わだかまる」など「甘え」の実現されなかった際の心理を表わす一連の語彙もあるではないか。これが日本社会特有のものであるとの確信をもって上記の著書は刊行された（朝鮮半島にさらに詳細なものがあることが日本に紹介されたのはこの書の出版後のことである）。母語に「甘え(る)」という単語に相当するものを持たないキリスト教文化の人は土居氏に「我々の, マリア様に対する気持のようなものか」と尋ねたという。

「甘え」を指す語があればその言語の母語話者はその心理やそれに基づく行動をそれと認めることができる。「甘え上手」などという表現もあると聞くが，言われてみればどのようなことを指すのか想像はつく。言葉があればそれと意識できるが，類似した心理的現象があっても，そこに言葉がなければそれは「見えない」。

或る言葉の存在する背景には人々が集団で暮らす中で何かを意識するようになり，それが複数の人々に共有されるという状況がまず想定される。何かが起きた時，当の人々の間でそれがほぼ同時に意識に上り，それが何らかの形で表現されたものが合図のように働く時，言葉として記号化される道が開かれる（田辺1975）。多くの人々に意識され，やがて，「甘え（る）」など，言葉としての定着を見る。そこには意識される必然性がその社会集団にある，意識されることに一定の意義がある，あるいは，価値あるものとして意識される，というような要因がある。

「甘え」「甘える」という日本語に対応する英語の単語はない。日本語では「甘ったれ」とか「甘えん坊」という言葉は否定的意味合いをもって使われることは少ない。これが英語では 'a spoilt child' となり，'spoilt eggs'（腐った卵）同様の「甘やかされてだめになった子」を指す。また，'dependent' という対応語候補の一も「自立しない」という否定的意味合いを持つ。「甘え」相当表現，適切な訳語は英語にはない。子の親に対する心理，恋人同士の心理，等々，同様の心理状態が現実に存在しても，それが当の社会集団で常に意識される必然性がなければ，また，価値あるものとみなされることがなければ，概念が形成され語としての定着に至るということはないようだ。英語社会ではこの心理がもたらす悪しき結果が強く意識されるか，特定の条件による個別の現象として意識されるのみだったということになろう。

「甘え」その他の言語記号を得るに至ったのはこの概念が東アジアの社会集団で肯定的に捉えられ，一定の価値をもつ，ということがあってのことである。ここで詳しく論じる余地はないが，「甘え」概念の形成は集団主義社会とされる文化においては必然性があると言えよう。

3. 「誠実」は 'sincerity' か？

ルース・ベネディクト（Benedict 1946）『菊と刀』の一節に，20世紀初頭に英文で書かれたマキノという日本人の半生記が紹介されている。19世紀後半の日本で貧しい18歳の時，アメリカに行く決心をし，信頼する宣教師に渡米したい旨を告げた。すると彼の口から次のような言葉が返った。

> 'What, *You* are intending to go to America?'
> (Markino 1912, Benedict 1946 p.159)
> 「何だって，お前がアメリカへ行きたいんだって」
> (ベネディクト 1972 p.185)

その時，部屋には宣教師の夫人もおり，二人が笑った。それをマキノは

> they both *sneered* at me!　二人でいっしょになって私を嘲笑した。

と書き，この二人の態度を 'insincere' とした。

> I always believe that *insincerity* is the greatest crime in this world, and nothing could be more insincere than to sneer!
> 私は常に，この世における最大の罪は不誠実であると信じている。しかも嘲笑ほど不誠実なものはほかにない。

このマキノの宣教師に対する憤りに対し，ベネディクトは次のように言う。

> 英語では 'insincerity'（不誠実）という語でこの宣教師を非難するというのは奇妙なことになる。そのアメリカ人の驚きはわれわれがその語を理解している意味では全く 'sincere' なものと思われるからである。だが，マキノはこの語を 'in its Japanese meaning'（日本語の意味で）使っている。（氏家訳）

つまり，英語の'sincere'は日本語の「誠実」に相当するものではなく，「正直」「偽りのない」に近い。米人のカップルは一文無しの片田舎の少年が画家になるために渡米すると聞いて，それは無理な話だと思い，その思いをそのまま表現した。心中をそのまま表現することが'sincere'なことである。ベネディクトはその言動が日本語で「不誠実」であっても，英語では'sincere'だと言うのである。ここで，「日本語で不誠実」というのは「日本人は不誠実と感じる」の意，「英語では'sincere'」とは「英語母語話者は'sincere'と感じる」の意，と言ってよいだろう。

'sincere'の日本語訳は「誠実な」が最も普通だと思われるが，二つのラングのそれぞれで表わされる単語の意味は相当違うことがわかる。しかも，これらは共に，双方の言語共同体で価値観を伴うものである。「正直」であることは日本社会でも幼時から教えられる基本的モラルである。しかし，この語も'sincere'と合致するとは言えない。他人に聞かれたら「正直に」答えるという形でこの語は存在する，つまり，「嘘をつく」の対表現として意識されているのではないか。英語の'sincere'が自分の心，思いに対して「正直」であること，それゆえ，その真偽，評価も本人が判断できるのとは大きな違いをもつ。一方，日本語の「誠実」であることはどうか。個人として自分の心に従うというよりは，社会的な，人間関係の中で使われるのではなかろうか。特に，義務的，あるいは道義的な関係をもつ他者との関わりの中で，その他者の気持や期待に沿い，応える，言動や態度が「誠実な」こととして評価されるのではないか。評価するのは本人でなく，他者である。「正直」にしても「誠実」にしても，英語の'sincere'とは大きな違いがある。英語社会の精神文化において'sincere'は高い価値観を，「誠実な」は日本語社会の精神文化において高い価値観をもつ。この違いにはそれぞれの社会・文化のもつ特質が反映されている。

> 個人主義文化では心の内を語ることは美徳である。どう感じるかについて本当のことを人に話すことは'sincere and honest person'のもつ特性である。　　　　　　　　　　　　　　　　　　　（Hofstede 1997 p.58）

こうなると，'sincere'を「誠実」と置き換えることは難しい。ここには日本

語の「誠実」、「正直」に現われた、人間関係により生じる、評価は他者がする、ということへの焦点化は全く見られない。ちなみに、対照言語学を受講する中国語母語話者である複数の大学院生から得た情報では、日本語と同じ漢字で表記されるこの語の意味は中国語では日本語とは異なり、英語と同じだという。

　日本語には人間関係が含まれる。ここ数年、いくつかの大学の授業で上のマキノとベネディクトの話を紹介してきたが、「誠実な人」とはどんな人かと尋ねると学生は、「相手のことを思いやる」、「約束を守る」というような特徴を挙げる。上の宣教師の言動に関しても、将来についての相談を受けたら現実には不可能に見える場合でも当人が望む限り、励ますのが当然だ、誠実な態度だという回答が多数派である。ベネディクトは日本人の倫理に関する研究報告"Japanese Behavior Patterns"で、日本語の「誠実」について

　　'sincere' のように自らの内なる言葉に忠実であることではない

とし、加えて、

　　話題とされている人物が話し手の基準に沿った行動をしているという、話し手の判断に関わる

と指摘するが、学生の多数派の意見はこの部分と通じ合うものである。
　「他人」、「期待」、「それに応える」、ということとセットになって「誠実」なる概念が成立していると言えよう。

4.　「何というネガティブな言葉だ！」

　言語学を専門とし、日本語を学ぶ研究者が日本の大学で英語を教え始めた頃、或る日本語をしばしば耳にするようになった。未知の単語は普通は状況などから意味を把握し、使えるようになるが、どうしても意味がつかめず、正しく使うことのできない或る語があった。それで、「人前で滑って転んだ時」「失恋した時」「親に叱られた時」などといくつかのケースを考えて、「この場合、あなたはこの語の示すように感じるか」というアンケート調査を日本人を対象に

行った。

　その結果を携えて国際会議に出席したその英語母語話者に筆者は出会い，金田一春彦（1988）にこれに関して書かれた部分があることを伝えたが，知らないとのことだった。その内容はざっとこんなものである。フランス文学を専門とする日本人が渡仏し，大学で日本語を教えた際にこの語が理解されないため，具体例を挙げて説明に躍起となる。「電車に乗り遅れそうになり，懸命に走ったが目の前で発車してしまった時，どう思うか。」この問に学生は「もっと早く家を出ればよかったと思う」と答える。「大事な試験で，答案を提出後，名前を書き忘れていたことに気づいたら？」これには「何て私は愚かなのだろう」，さらに「好きな相手に明日プロポーズしようと思っていた矢先，自分と仲の好い友人と婚約したと知った時は？」に対しては「それが人生さ」という答が戻るという具合で，どうしてもこの語が理解されなかったというものである。取り上げられた例は必ずしも妥当とは言い難いように思うが，ここ数年，いくつかの大学で学生に聞いてみた限りではいずれに対しても，想定された語が答の中にはあった。

　どうやら英仏語母語話者には理解しがたい感情を示す日本語があるということになる。これは「悔しい」という単語である。日本の大学生はこのフランスでの話を聞くと目を丸くする。なぜこんなに簡単な語が分からないのかと。「簡単な」と言うのはありふれた，日常的に意識し，耳にも口にもする，という意味においてである。一方，会議で出会った研究者は結局，個人的にであったが，こういうネガティブで非生産的な感情を固定化したような言葉は不可解だと筆者に告げた。

　フランスの大学での質問に対する三つの答の内，はじめの二者はわが身を振り返っている点で共通している。日本語母語話者もこの語をそのような意味合いで使うことがある。この点に関しては大学生に聞いてみた限りでは個人差がある。この語は『日本国語大辞典』ではどのように記述されているか。大きく二つの意味に分かれる。

1　自分の行為について後悔する心情にいう。取り返しがつかないことで残念だ。

2　勝負に負けたり，物事に失敗したり，相手にはずかしめられたり，外部の状況が期待に反したりして，もうこんな目にあいたくないと腹立たしく思う気持にいう。しゃくだ。いまいましい。

1は『古事記』『和泉式部日記』から使用例があり，2の意味では17世紀からの作品が挙がる。「個人差」と言ったのは，確かに「悔しい」をわが身を愚かだと感じた時に使うという学生が毎年数名いる一方で，多数派は2の意味で使うと回答するためだ。2は理由の如何を問わず，腹立たしさが意識される際に使われることで，1とは大差がある。先の英語母語話者の言に対し，この思いをバネに，よりよい結果を出すよう立ち向かって行けるのだから生産的な言葉だと反論するのは2の回答者のほうである。2の腹立たしさの後に1の残念さを強く意識する気持ちが続くことで，生産的になるということなのだろうか。2はそのような分析以前の瞬時の感情の動きを表現するものとして使われるようだ。

　この語の，今多く使われる2の意味は或る感情が一瞬のものであれ，持続するものであれ，それが固定化され，記号化された例と言える。これも本章冒頭に挙げた，ため息すらもが信号として機能し得る社会集団だからこそ記号化に至ったものの一つに数えられる可能性がある。ただし，もともとは1の意味で生まれた語が2の意味で使う形に取って代わられたということである。「悔しい」の意味が1のような自省的なものであったら，フランス人の第一と第二の答が示す通り，異文化の人にも理解可能な語であったということになる。英語を母語とする言語学者も「不可解」とか「非生産的」とは言わなかったであろう。

　2はこの語「悔しい」の意味が感情的なものであることを示すが，その感情の動きの原因となるものが周囲の人間との関係であることも記述している。ここで，類義語としての「口惜しい」を検討する必要がありそうだ。上記辞典には「悔しい」の「語誌」として次のようにある。

　　中古から広く用いられるようになった類義語クチヲシは周囲に期待を裏切られた時に起こる失望感を表わした点においてこれと異なっていたが，やがてクヤシにも同様の意の2が生じ，両語の使い分けは近世以降，見られなくなる。

今や,「口惜しい」は耳にすることが少なくなったが,それでも確実に使われており,それは,「悔しい」と使い分けられていると言えるのではないか。例えば,周囲の他者と関わる事柄に関し,或る人が何らかの実現や達成を目指して気持や力を尽くした場合,他者がその期待に沿う言動を取らなかったら,その失望感は「口惜しい」と表現されるということが考えられる。ここにも,前節までに見てきたような,「他者」「期待」「応える」などの概念のセットが存在する。精神文化の理解にはこのような概念群のセットを捉え,それを生み出した土壌を知ることが有効である(氏家2005)。

一方,「悔しい」2のほうは理由の如何を問わず,感情のほうに焦点がある。一定の概念を示す「悔しい」1に発しながら,未分化な感動詞のように使われる。このような動きが日本語表現に見られる最近の傾向の一であると断言するには材料をさらに揃える必要があるだろう。「口惜しい」「歯噛みをする思い」などという表現の消失傾向と共にあるように見える,こうした傾向は何を物語るのか。日本型社会が感動詞的なものでも交信可能な共同体であるということは第11章でも見た通りだが,それは今後,変わるべきこととして検討される時代である(氏家1996)。感動詞的なもので交信する小さな共同体内での言語行動の続く状況が優位を占める限り,日本語の言語としての独立性は低いと言うべきであろう。

■ 発展問題

(1) 「甘え」の心理に関わる語彙としてどんなものが挙げられるか。それぞれの語について,「甘え」とどのように関係するのかをまとめてみよう。
　　次いで,それらの語の存在が日本型社会のどんな特質と関わり合うものかについて具体例を挙げて考えよう。

(2) 日本語の「誠実」という語はどのように使われるか。特にそう判断する人間とされる人間との関係に注意し,小説やテレビに現われる会話から文例を集めて考えよう。
　　次いで,それを英語の'sincere'についての英和大辞典の記述と比較するとどのようなことが言えるかについて考えをまとめてみよう。

(3) 「悔しい」という語はどんな時に発されるのだろうか。話者の心理や背後にある状況，人間関係等について考えてみよう。また，それを，類似した他の表現の場合と比べることで，この語の概念を規定してみよう。

■ 参考文献

1) 氏家洋子『言語文化学の視点：「言わない」社会と言葉の力』（おうふう，1996）
2) 氏家洋子「異文化で作られた概念の受容：外来語の現在」（『国文学 解釈と鑑賞』70 巻 1 号，至文堂，2005）
3) 金田一春彦『日本語 新版（上)』（岩波書店，1988）
4) 田辺振太郎「認識史における弁証法（中）」（『唯物論』5 号，汐文社，1975）
5) 土居健郎『「甘え」の構造』（弘文堂，1971）
6) 日本大辞典刊行会編『日本国語大辞典』第二版（小学館，2003）
7) Benedict, R. (1945) "Japanese Behavior Patterns", *Report* No.25
 （福井七子訳『日本人の行動パターン』日本放送出版協会，1997）
8) Benedict, R. (1946) *The Chrysanthemum and the Sword*, Houghton Milfflin (1967)
 （長谷川松治訳『定訳 菊と刀』社会思想社，1972）
9) Furth, H. G. (1966) *Thinking Without Language*, Macmillan Publishing
 （染山教潤・氏家洋子訳『言語なき思考』誠信書房，1982）
10) Hofstede, G. (1991, 1997) *Cultures and Organizations : Software of the Mind*, McGraw-Hill
 （岩井紀子・岩井八郎訳『多文化世界』有斐閣，1995）
11) Markino, Y. (1912) *When I was a child*（Benedict 1946 による）

第13章 お礼を言う時,「ありがとう」と「すみません」のどちらを使うか？

【言語文化・言語生活】

キーワード：あいさつ行動，ウチ社会，経験の共有，反復確認型，不均衡修復

1. あいさつ表現・あいさつ行動の問題点

　例えば，人の集まる機会としてパーティーがある。ホームパーティーのような少人数の場合を考えてみよう。出会いの時点での招いた側からのあいさつ行動，招かれた側からのあいさつ行動に始まり，別れの時点でも類似の行動で終わる。現実の事態の進行にあいさつ行動が伴う形である。「今・ここ」でのコミュニケーションでは言語記号の比重は小さくても済むことが多く，まして，あいさつ行動では身体行動が十分ものを言う。異文化の中にいてもさして困らずに済む。現場で事態の進行する中で周囲の言動を見守り，そのまねをすることで，あいさつ行動は習得できる。では時空を異にする場合はどうか。

　筆者が英国での生活を始めて何ヶ月か経った日の或る朝，前日，自宅でのパーティーに呼んでくれた人を見かけてお礼の気持ちを伝えたいと思った。その思いはほとんど反射的に沸き起こったが，英語による適切な表現がわからなかった。その時点までに該当するような表現を耳にしていなかった。それまでに何回か沸き起こった思いだが，表現のし方がわからずじまいであった。その朝は何としてもあいさつをしたいという気持ちが勝って，そばの人に不得手な英語で教示を求めた。近くの2, 3人で相談した結果として，'Thank you for yesterday.' でいいだろうという答を貰い，こんなに簡単な英語でいいのかといぶかりつつ，早速実践した。相手はやや驚いた様子に続いて，意外と思えるほど喜びの表情を見せた。その後，別の機会に他の相手にも過去の行為に対して類似した表現でお礼を言ったが，そのつど相手の嬉しそうな様子が確認でき

た。しかし，滞英4年間の間，この表現を逆に投げかけられたことはほとんどなかった。

　私の中で，何かをしてくれた人にその後出会った際に反射的に起こるお礼を言おうとする気持ちは何なのか。精神内にその回路が出来上がっているように感じられる。謝辞を言うたびに，そのつど，回路が確認され強化され，習慣となっているようだが，元はと言えば成育環境の中で得られたものだろう。

　逆に，このような思いが，相手の過去の行為に口頭でお礼を伝える習慣のない文化の人にないのかというと，そんなことは決してない。お礼の葉書やカードを出す，あるいは，次回は自宅に招く，などの気持ちの表し方が存在している。これは私も4年間，まがりなりにも守り，実行したが，同時に，会えばほとんど反射的に沸くお礼の気持ちを口頭でも伝えていた。己の文化の習慣に，出会った文化のそれを加えた，併存形である。もう少し長く滞在したら己の文化の習慣は少なくとも表現形としては消去された可能性がある。

　異文化から日本社会へやってきた人の例としてはこんなものがある。中国の大学で日本語を教える女性が大学院生として来日し，1年ほど経ってから，いまだに難しいのはあいさつ表現だと洩らした。日常の暮らしの中で，様々な場面で，そのつど違うものが使われており，どんな時にどの表現を使えばよいのか戸惑うという。日常交わされるあいさつ表現はラング（言語体）の違いを超えて，生活者としての母語話者には条件反射的に身に付いている。そのため，それが難しいなどとは想像しようもなく，また，同時に，その意義について意識する機会も少ない。中国の女性の話では，日本語のあいさつには類似した状況で複数の表現法が存在し，どう選択するのかが難しいという。たしかに，日本語には社会的な関係要因を組み合わせて適切なものを選択するあいさつ表現が多い。社会的な関係の測り方は同様の経験をしていない限り，長期間，そこで生活しないと身に付かない。学習者泣かせのこの側面は日本語表現のもつ或る特質を示す。

　それでも，一般的に言えば，あいさつ表現の学習を比較的，容易だと感じるのは相対的にあいさつ表現の発達した母語をもつ話者であり，逆に，習得に困難が伴うのはあいさつ表現の不発達な母語をもつ場合であるということは言えそうである。

一方，最近の日本社会に目を転ずれば，母語話者自身が出会いやお礼のあいさつを言わない例が多くなったとの指摘が増加している。また，或る場面でどのあいさつ表現が適切であるかについてもしきりに取り沙汰されている。なぜこうした問題が生じるのかについても併せて考える必要がありそうだ。

2. あいさつ行動の機能と発展

人はどんな時にあいさつをするのであろうか。また，どんな相手とどのようなあいさつをするのであろうか。

様式に違いこそあれ，あいさつに相当する行動様式をもたない民族はないと言われる。それもそのはず，群れで棲息する動物には「あいさつ行動」と見られるものが存在し，その発展形態が人間のそれだからである。これは言葉の起源としてのコミュニケーション，あるいは，伝達行動とも重なり合い，興味深い。コミュニケーションの開始時に行われるあいさつというものは人間の場合，言葉と身体的行動が共になされる。この時の言葉と行動の関係は一方に他方が加わるのではなく，補完的なものとされる。これも，人間言語が伝達行動における補助的なものから徐々に独立性を獲得したものであることを思うと，あいさつ行動はこの過渡的な段階を示す材料を提供していると言えそうだ。

ただし，あいさつの起源が動物行動に見られると言う時，群れで棲息する動物が同種の個体に出会った際に観察される「あいさつ行動」，つまり，出会いのあいさつを指す。藤田（1999）によれば，チンパンジーの行動を観察した結果として，別れ際には出会い時とは打って変わって，ただ黙って歩き去るのみだという。出会いのあいさつ行動に民族により様々な形式が見られることは動物の場合とバージョンが違うという次元だが，他の状況での，例えば，別れるに際しての宣言文のようなあいさつは，そこから発した高次の発展形態と見ることができよう。

さて，その最も起源的なものの場合だが，動物では同種の二個体の出会いの場でいくつかの定型的な動作が交換されると言う。この内の服従または宥和のディスプレイがあいさつ行動の原型とされる。相手の攻撃本能を宥和することを目的に服従的なディスプレイをする。「今・ここ」で相手の攻撃を回避し，自身を守るという実質的な機能をもつと言える。そのために，自らの側に相手

を攻撃する意思がないことを示す。服従の信号を送る，幼児的しぐさを取る，攻撃的武器を隠す等のディスプレイにより，この目的が果たされる。ここから人間行動につながるものとして，握手や両手を広げるなどは攻撃手段である手を相手に委ねる，武器をもたないことの証し，お辞儀は身体を小さく見せることで服従を示す等々のことが動物行動学，文化人類学の分野を中心に明らかにされている。動物における「その基本は友好的態度を表すか攻撃性を隠すかのいずれかである」(奥井1988)は基本的に人間においても変わらない。

ブラウンとレヴィンソンにより提唱されたポライトネス理論も文化人類学の成果を取り入れ，どんな文化にも対人配慮の言動があることを明らかにし，それを数種の型に分類したものであるが，以上で考察された内容に通じるものが多い。つまり，コミュニケーション行動全体が動物行動に通じるもの，あるいは，その発展形態としてのホモサピエンスのもつ普遍性として基本的に捉えられるということを確認しておきたい。

あいさつは民族や文化において言葉と行動の補完し合う姿で様々に発展した形を示している。それぞれが民族集団の中で何らかの必然性に支えられて異なる形式をもつに至った。アメリカの或る日本語研究者は日本社会に儀礼的きまり文句が多いと指摘した。また，同じく，儀礼的，形式的なあいさつや前置きの長さを指摘し，日本との交渉を拒否した中国の政治家もいる。20世紀末の新聞(朝日新聞1998)によれば，欧州，アジアの首脳からもあいさつに長時間を費やして肝心の話に入らないために日本との政治交渉が忌避されていることが紹介されている。逆に，儀礼的きまり文句について，アメリカでも多いとする見方もある。また，肝心の話に入らないという点についてはアラブ社会についてのオランダ人の観察・報告にも全く同じことが見られる(Hofstede 1991)。他の社会のどんな習慣に注目し，それをどう評価するかは自分の属す社会集団の習慣を中心にしているため，目に入るものも，また，その評価も違って来る。どこが気になるかという注目点が違えば，同じ現象も全く見えなかったり，違って見えたりする。

あいさつがきまり文句を核とする言動であることに間違いはないだろう。政治交渉などの公的な場での儀礼的あいさつという発展形態までをあいさつに含めると，あいさつの範囲が広がる。ここでは日常生活に見られる基本的なもの

に範囲を絞って考えることにしよう。日本社会ではどうなのか。ここでも，それを見る異文化の目を通して考察することで日本語の場合の特質が浮上するであろう。逆に，日本社会の住人の目に奇妙に映る異文化のあいさつについてその理由を推測することもその一助となろう。日本語学習者が間違ったあいさつをすると，母語話者がどんな気分になるのかについて説明できることも必要だ。これは今や，あいさつ表現がゆれ始めた現代日本社会の問題にもつながると言えよう。

3.「今・ここ」を離れてのあいさつ行動

「なぜ，お礼の言を繰り返すのか？」という疑問はアメリカ，また，お隣の韓国社会の人が発することで知られる（水谷1979，直塚1980，任・井出2004）。日本社会ではよく過去の関連・接触行動について言葉で確認し合う。出会い時に「先日は」で始まる表現は「先日はどうも〜」というお礼のあいさつに限るわけではない。「先日は〜」の後は「一緒に何かをした」という内容でもよい。単に，「この間は楽しかった（わ）ね」と言うだけでもよい。経験の共有を確認し合う（水谷1979）習慣がある。過去を振り返ると言うべきか，あるいは，人に会うと条件反射的に思い出される事柄を表明すると言えばよいのか，そうした習慣が根付いている。本章の冒頭での経験談はその一例である。

日本と韓国の場合を比較対照したものとして，前者を「反復確認型」，後者を「一回完結型」とする説も出された（任・井出2004）。ここには上で紹介した日本語表現の「繰り返す」「確認」という説明に，お辞儀という身体動作についての日韓の相違も加味されている。ただ，ここで注意したいのは表現と身体行動に関してである。韓国，また，英米等，他の多くの社会でも見られる「一回完結」はあいさつの表現，行動共に「今・ここ」でなされ，それのみで終わることを指すはずである。日本のあいさつで身体行動が繰り返されるというのは「今・ここ」においてお辞儀を繰り返すことを指す。しかし，お礼を言うべき事態の「今・ここ」とは時空を異にしたところで，あいさつ表現が「確認」のために「反復」される点こそが日本語のあいさつの特質とされるべきではないか。

「今・ここ」におけるお辞儀の反復は「確認」のためではなく，「今・ここ」

での身体行動パターンとして扱うことができよう。なぜこの行動が繰り返されるのかについては後の森山卓郎(1999)の説を援用することで，その際の心理が容易に説明できそうだ。日本語のあいさつの特質を考える時，この身体行動パターンとは分けて考えることで，本質を見失う可能性が排除できるのではないかと考える。時空を異にしての表現行動の反復とは過ぎ去った事態に関しての確認である。事態は過ぎ去っても感謝や喜びの気持ちは精神内に持続することを伝える。「今」としてあることを伝える。これが確認の構造ではないのか。

さて，その森山説とはお礼と詫びを危機管理としての言語行動であるとし，「関係修復的言語行動」と名づけた見方である。例えば相手からの利益提供により生じた心理的不均衡の修復としてお礼の言動を捉えると，相手への謝辞の言動は自分の不均衡修復の意図，および，その心情の表明となる。言語化されたことで不均衡関係が顕在化され，修復行動が開始される。これにより関係が明示されたことで，今度は相手が優位に立つため，これを言動によって否定し，元の平衡状態に戻そうとする。

すると，お辞儀の繰り返しは次のように説明できよう。自分がお礼の意を表すために頭を下げたのに対して相手が上のような事情・心理で頭を下げた。これを平然と黙認したままでいると，相手の頭を下げた状態（ここでは「礼の態度」）をそのまま黙認することになり，これではお礼を言ったことにならない。逆もまた然りで，否定したことにならない。こう考えることで，繰り返しと映るものが続くと説明できよう。目前の相手の言動が刺激を与える信号として働き，それへの反応としての言動がなされ，これが相互に繰り返される。「今・ここ」という範囲内での相互性をもつ行動と言えばよいか。

4. ウチ社会でのあいさつ行動

それでは，こんなにも執着して相互に心理的なバランスを取ろうとするのはなぜなのか。その社会がすべてであり，そこで何とか快適に生きることが不可欠だからという感がある。その集団内で形成されたものと異なる価値観は想定されておらず，それ以外の生活はあり得ないという状況が浮かび上がる。こうした言動を交わす間柄とはウチ社会のメンバー同士ということになろう。ただし，ウチ社会は三重の構造を持つと見ることにしたい。第一次集団を血縁等を

中心とする自然発生的な，家族・親族等の集まりとし，学校，仕事，職場，居住地関連等の共有時間の多い共同体を第二次集団とする。日本社会で人は通常，前者を核としてもつ二重のウチ集団内で生活する。そうした人々が集まり形成される日本社会全体を他の文化を持つ社会も視野に入れて区別した時，これが第三次集団となる。第一次から第三次まで，それぞれがソト社会をもち，それゆえ，相対的にウチ社会であるという相似的な特性をもつ。第三次集団は個人にとって具体的ではなく，観念的なものである。確認行動の反復は具体的な第二次集団の内部で取られており，逆に，外部の人間とは取られない。ソトの人間，つまり，未知の者や今後ウチ社会のメンバーになる可能性のない者とはあいさつ表現を交わさないという事実と，まさに表裏一体の，ウチ社会への固執が見られるということになりそうだ。

　ウチ社会第二次集団の中でもこの行動が典型的，集中的に見られるセグメント（全体を構成する部分・要素）というものもあるだろう。生活の中で社交が重要なファクターとなるセグメントでは反復的確認行動が強固に維持されていると推定される。例えば専業主婦の集団，特に，同年代の子供をもつ女親同士という部分では，近隣やPTA仲間との社交的言動が不可欠であろう。逆に，職能集団，特に時間的効率の最優先される集団では異文化との比較で指摘される反復的確認行動は少ないと推定される。

　経験の共有を確認し合い（水谷1979），ウチ社会で一体感を惹起する構造をもつ（氏家1999）という反復型あいさつ行動は日本社会を特質づける。それはソト社会では大きな違いを見せるということと対をなす。この点こそが日本社会のあいさつ行動の特質として指摘されねばなるまい。商店や飲食店という立場，利害，行動を異にする人々が接する場では店側のあいさつ行動と客側の対応には一方通行型等を含む激しい非対称性がある（氏家1999）。他の文化，例えばドイツ（杉戸1987）やアメリカ（阿部1999）など欧米では一般に対称的あいさつ表現が使われ，「ソト社会」（日本的名称としての）とされる人に対しても友人同士と見えるようなあいさつや会話をすることと対照をなす。

5.「ありがとう」と「すみません」

　お礼のあいさつ表現を例に取ると，他人に何かをして貰った時，「ありがと

う」系列の感謝表現のほかに、「すみません」系列の詫び表現が使われる。日本語学習者はこの点で混乱すると言われる。後者を選ぶ時の話者の意識状態はどういうものか。恩恵供与の行為者が未知、明らかな上位者、また、行為が貴重、予想外と認定された等の場合に「すみません」系列の表現が選ばれるようだ。水谷・水谷（1988）は他者の善意が「期待外であった（あるいは期待してはならなかった）」場合にこの系列の言葉が発されると説く。ただし、付け加えたいのは、この同じ話者が期待外の行為であっても親しい間柄の相手には「有難う」系列のあいさつをすることも考えられよう。ここで、第10章で取り上げた話者の意識状態と関わるが、或る事態を目前にした時、その種の事態に関する期待とか予期というものが既に心中に形成され存在しており、それとの関係で特定の意識状態が作られ、表現が決まると言えそうだ。事前に意識内に形成されるものの基盤の一つにはウチの者かそうでないか（あるいは親しいか疎遠か）、ウチの者なら上位者か下位者かというような区分がある。関連して、公的な場か私的な場か、つまり、不特定多数を相手とするのか否かということもあろう。これに関連して、別の言い方をすれば、話し手が自分の意識に焦点を置く時、「ありがとう」系列が使われ、相手のことが強く意識されている時、「すみません」系列の表現が使われる。疎の関係にある者、予想外の行為というものはその人やその行為のほうに言語主体の意識の焦点を移動させる。こうした状況でなければ自然なこととして、人の意識の中心は自分にあるということになりそうだ。

　また、「よろしくお願いします」系列のあいさつ表現は相手を恩恵の供与者と認定し、恭順の態度を示す意を表す。依頼行動に伴うあいさつ表現だが、初対面時の使用は儀礼的なものとして多少なりとも改まった状況で使われ、最近では私的な集まりでも自己紹介のあいさつではこれが締めくくりの決まり文句となっているようだ。どんな集団・仲間であってもそこに入ろうとする時に、また、一時的な集まりで共有しようとする時間の開始時に、この系列の表現は使われ、言わばウチ社会第二次集団のメンバーになることの宣言に通じる。

　しかし、「相手を恩恵の供与者と認定し、恭順の態度を示す」ところには本来のその社会集団の属性が映し出されている。ここに日本社会というものの、集団に対するメンバーの在り方、自己の意志を放棄した形、を見る場合、「欧

米人，タイ人に心理的抵抗を」覚えさせる（堀江1996）のは当然至極である。実情はしかるべき場で使うことの要求される儀礼的なものとみることができる。しかし，しかるべき場とか公的な場というものの存在自体がウチ社会からソトに出た場合のことを指す。従来，常に人はウチ社会で生活していた。それゆえ，公的な場というソトではどんな言動を取るべきか不明だ。結果として，制約があり，自由度の少ない言動を取ることになった。ソトではこうした儀礼的あいさつをやむを得ず，あるいは単なる習慣的表現としてその意味は考えずに使っていると推測される。公的な場で特定の言動が要求され，自由度が少ないということもこの社会の特性である。一方で，集団というものの相互依存性に注目し，そこに入るに当たってのあいさつ表現とみなす考え方（小林1980）もある。両見解のいずれを取るかが日本語学習者への説明，また，実践を強いることの問題の有無などと関連した課題となる。

　上位，下位の関わるあいさつ表現もある。「ご苦労様」「お疲れ様」「お世話様」というようなねぎらいのあいさつである。上位，下位とは集団内での序列である。ねぎらいの表現は上位者と認定される者が発する一方向的なものである。最近ではこれらの表現の内，特に「お疲れ様」の使用は仕事を共にした者同士という意識がこの表現を選ばせるという方向に変化を見せている。社会の仕組みが変わりつつあることを話者が感知した結果と推定することも可能だ。一方で，中学校の部活動等の終了時に教員が生徒に使った表現が，生徒の側でちょうど該当表現（共にいたわり合う語）の空隙となっていた部分を埋める形で定着し，若年層のアルバイト先等でのあいさつへと敷衍したという推定もできそうだ。

　以上，何種類かのあいさつ行動を見てきたが，どんな表現を使うか，とっさの場合にどれを選択するかというところに内的意識が具現する。そして，日本社会ではそこにウチの者か否か，親か疎かという区分が要因として動かせないものとして在ることを確認しておきたい。

■ 発展問題

(1) 起きてから寝るまでの自分の言動を振り返り，あいさつ行動をどんな時に，誰と，どのようにし合ったか，その前後を含めた心理状況はどうであったかについて記録しよう。

(2) 人間の集団にはどんなものがあり，また，そこでのあいさつ行動にはどんな特徴があるだろうか。身近な集団から小説やマスメディアを通して知る集団に至るまでを範囲に入れて観察，記録し，そこから特徴を引き出してみよう。

■ 参考文献

1) 朝日新聞 (1) 1998 11月23日，24日 (2) 1998 12月21日 (3) 1999 1月11日
2) 阿部圭子「日米のあいさつことばの輪郭」(『国文学 解釈と教材の研究』44巻6号，学燈社，1999)
3) 任 栄哲・井出里咲子『箸とチョッカラク―ことばと文化の日韓比較―』(大修館書店，2004)
4) 氏家洋子「日本社会の出会い・別れのあいさつ行動―ソトの人との生産的コミュニケーションへ―」(『国文学 解釈と教材の研究』44巻6号，学燈社，1999)
5) 奥井一満「あいさつ［動物の挨拶行動］」(『世界大百科事典1』平凡社，1988)
6) 小林祐子「きまり文句の日英比較」(『言語生活』348号，筑摩書房，1980)
7) 杉戸清樹「ドイツ人と日本人の敬意行動」(『言語』16巻8号，大修館書店，1987)
8) 直塚玲子『欧米人が沈黙するとき』(大修館書店，1980)
9) 藤田和生「動物のあいさつ行動」(『国文学 解釈と教材の研究』44巻6号，学燈社，1999)
10) 堀江・インカピロム・プリヤー「異なる文化や言葉をもつ人とのコミュニケーション」(『新「ことば」シリーズ3―日本語教育―』文化庁，1996)
11) 水谷 修『話し言葉と日本人―日本語の生態―』(創拓社，1979)
12) 水谷 修・水谷信子『外国人の疑問に答える日本語ノート1』(ジャパンタイムズ，1988)
13) 森山卓郎「お礼とお詫び―関係修復のシステムとして―」(『国文学 解釈と教材の研究』44巻6号，学燈社，1999)
14) Brown, P. and Levinson, S. (1987) *Politeness : Some Universals in Language Use*, Cambridge Univ. Press
15) Hofstede, G. (1991, 1997) *Cultures and Organizations : Software of the Mind*, McGraw-Hill (岩井紀子・岩井八郎訳『多文化世界』有斐閣，1995)

第14章　日本人はなぜ「やっぱり」を多用するのか？

【認識と言語・対照言語学・社会言語学】

キーワード：含過程構造，主体的表現，周辺言語，限定コード，精密コード

1.「やっぱり」ってどんな意味？

　1970年代初期に米国から1年間の短期留学に来日した大学生達のクラスを担当したことがある。日本語はあいさつ表現を覚えた程度で全くの初級。留学中はホームステイ。耳のよい積極的な学生からじきに質問が出た。「やっぱり」「しょうがない」という言葉をよく耳にするがそれはどんな意味なのかと。これを聞いた7，8人のクラスのメンバーも口々に自分は「だいじょうぶ」「やっぱり」を聞くなどと言う。当方も大学院生であり，初めての教育経験で強く印象に残った。また，時を経ずして，数カ国からの理工系の大学院生クラスを担当した。中級程度の日本語をマスターして研究室に入ってきた国費留学生が中心。当方も大学院を終えたところで，試験問題を作る際にはこの学生達にどんなものがふさわしいかと思案した。ところが，易し過ぎるだろうと思いつつ出題した「やっぱり」の穴埋め選択問題がよくできる台湾からの学生を始めとして不正解だった。「これが何と言っても一番難しい。どんな時に言うのか。」と繰り返す。狐につままれる思いだった。こんな易しいことに説明が必要なのか，と。

　その頃のことだが，テレビのインタビュー番組を夕食後に見ていた家族が「このタレントの話には内容が無い。『やっぱり』『やっぱり』ばかり言って…。」とインタビューに答える或る歌手の応答ぶりに不満をぶつけた。当時大変な人気歌手で，テレビドラマや映画にも出演していたらしく，そのどちらが面白いかというような質問に答えていたように思う。「スター千一夜」という番組で，

インタビュアーは思慮深く利発な印象の三十歳前後の男性と女性が交互に務め，当時「スター」とされた人々が一晩に一人登場し，インタビューに答えるものだった。インタビュアーが得られた回答に対し，次々と真剣に質問を重ねるのが見所であった。回答者の言を意識して聞いてみると，確かに「やっぱり」を頻発している。どうやら，その同世代の歌手の回答はその場の問いに臨んで考え，答えるのでなく，既成の見方，考え方と対応づけた内容のものだったようだ。それが，聞く者に「内容が無い」と思わせ，それが形としては「やはり」の繰り返しとして出現していたようである（氏家1973）。

母語話者は一まとまりの対話中に何回も使うが，おそらくそのことを意識しない。しかし，異文化である米国からの留学生には耳についた。日本各地で，また，若年層においてもこの語は使われ，次々と受け継がれ，その発音に「やっぱし」，「やっぱ」等々の多くの変種をもつ。「この語を発さずに5分間しゃべりなさい」と言われたら，可能だと母語話者は初めは考えるが，実はしゃべり始めると苦しくなるのではないか。20世紀末から21世紀初頭では海外からやって来て，日本社会で長期間暮らし，日本語をすっかり我が物にする人が多くなった。この人達も初めはこの語が耳につき，やがてそれを発し始めたのであろう。「やっぱり」を自在に操り出すと「ああ，この人の日本語もすっかり板についた」という感じを与える。様々な「やはり」「やっぱり」があるようだが，以下，この語について考えていくことにしよう。

2. 含過程構造

J-1 「ああ，ここはやっぱり静かだ。」
というような表現が日本語共同体ではよく聞かれる。こうした表現が口にされた時，相手が母語話者であるなら，なぜ「やっぱり」なのかを察知することが多い。察知できなければ推測をする。これは推測することが可能であるし，通常，しているということであり，また，聞き手自身も発話する側に立てば，この表現を頻用しているということである。

この時の推測作用にはどんなことが関わるのであろうか。
1 　以前，話者が「ここ」に関して
　　①「静かだ」と言った。　②静か否かに言及した。

③静かか否かに思いを巡らした。
　2　以前，聞き手が話者に対し，「ここ」に関して
　　　①「静かだ」と言った。　②静かか否かに言及した。
　3　一般に世間で「ここ」は「静かだ」と言われている。
等々の過去の経験や知識の中から目前の事態の認知［静かだ］に関わるものがまず想起されると考えられる。話者が目前の事態を認知し，それに関して既にもつ認識や言及していた内容と関連づけることで，「やっぱり」が発話される。それなら，
　J-1　ああ，予想していた通り，ここは静かだ。
　J-2　ああ，あなたが昨日言っていたように，ここは静かだ。
　J-3　ああ，世間で言われている通り，ここは静かだ。
などと言ってもよいはずだ。しかし，通常こうは言わない。言ったとしても，「やっぱり」を含む文（「ああ，予想していた通り，やっぱりここは静かだ」等）になるのが普通ではないか。目前の事態の認知から過去の認識に関わるものが想起され，これを結びつけて表現する記号として「やはり」が存在するからである。
　A　目前の事態の認知
　B　それに関わる過去に得た認識・情報
において，AからBが想起されるという心的作用自体は個人の内では条件反射的に殆ど意識に上ることなく行われる。だが，この両者の関連付けという回路を表現するものとして，「やはり」「やっぱり」という語が日本語共同体には存在する。これにより，この関連付けという回路を通る，言わば，一定の時間を含む心的過程が表現され，また，同時に理解される。「さすが」という価値に関わる意味を含む副詞においても同様である。こうした一連の語のもつ特殊性に注目して筆者は「含過程構造」をもつ語とした（氏家 1973, 1974)。この内，副詞としては「まさか」「よもや」「せめて」「なまじ」「所詮」「却って」等々の語が挙げられ（Ujiie 1990），その他，いずれも主体的表現に属す語であることが指摘できる。
　これらの中でもとりわけ「やはり」，続いて「さすが」を頻用する日本語共同体のメンバーにとってはこうした語のない生活は考えられない。そんなこと

になったら，自分の或る明確な意識状態をピタリと端的に表出することができなくなるからである。しかし，後に見るように，この一定の時間を含む心的過程を表す語が存在しない言語共同体は確かに在る。この「やはり」「やっぱり」が言語記号として形成されるに至ったのは共同体のメンバー間でその精神作用を意識し，確認し合える機会が多かったということである。それは基本的に状況を共有し得た，しかも，その状態が長期にわたって持続したということを原因として考えるのが自然であろう。「含過程構造」をもつ一連の語の存在は共通の経験や知識を記憶の倉庫として共有する共同体の存在を前提とすると言えよう。

3. 周辺言語による表現

　こうした現象が日本語共同体で発達していると言い得るのか否かを知るには他言語の場合との比較という方法がある。先に一定の時間を含む心的過程を表す語が存在しない言語共同体もあると述べた。しかし，それでは，「やはり」で表される心的過程が意識されないのかと言えば，必ずしもそうとは言えないようだ。
　英語を例にすることにしよう。J-1 に該当する英文としてまず次の二つが挙げられる。
　　E-1 (1)　It *is* quiet here.
　　E-1 (2)　It's quiet here, you see!?　(市川・コリック・日南田・牧 1983)
E-1 (1) は be 動詞の部分を音調により強調した表現法である。E-1 (2) の'you see!?'の部分が「ね，ほら」とか，「言った通りでしょう？」の意を表すことに通じる。E-1 (1), (2) 共に話し言葉の特徴をもつ。特に，(1) の音調による表現，(2) の「!?」部分は主体的表現部分が言語記号をもたないことを示す。声調という周辺言語が，上で見たような A と B を結びつけるという話者の主体的認識活動を表現する機能を担う。(2) の 'you see!?' の部分全体も日本語の「やはり」「やっぱり」の意を表し得るが，全く対応する表現とは言い難い。前節の 1～3 で言えば，1 の①，また，2 の①の場合に関して該当し得る。日本語「やはり」「やっぱり」は書き言葉でも使うという点からも，E-1 (1), (2) と，この日本語の副詞との間には距離がある。つまり，話者による，前節

の，AとBを結びつけたことを示す主体的表現部分が日本語では単語による明確な言語記号化を得ているということが指摘できる。

　周辺言語とは言語表現において言語記号そのものでなく，それに伴う非言語情報部分を指す。現実のコミュニケーション行動においては人と人とが意識的には言語記号を核とした交信を行う。が，言語記号はあくまでも表現または理解を方向付けるものの一つとして働くにすぎず，これは現実の言語行動においては必ず，次のようなものと共に在る。

　　ア　声調，抑揚，沈黙，発話におけるポーズ，相槌，ため息，笑い声や泣き声等々
　　イ　表情（感情等の表出），うなずき，身振り，手振り等々

これらは言語記号を介してのコミュニケーションにおいて言語部分だけでは限界のあるものをア（周辺言語），イ（身体動作）として雄弁に物語る。アは聴覚，イは視覚を中心に感受，認知される。受け手によって程度に差はあるが，情報として受容され，認知され得る。さらに，次のようなものも視覚を中心とする感受，認知により，情報として受け手に取り入れられる。

　　ウ　姿勢，話し手と相手との間の空間的な距離
　　エ　持ち物や身に付けている物

　これらア～エは話し手，聞き手の両者の意識状態に大きく作用し得る。交信が時空を共にする当事者間で行われる状況では周辺言語の伝達効果は相当高い。英語社会の場合では言語記号部分と非言語部分とを合わせた情報の6割は一般的に非言語部分によって認知され，感情的なものの場合は実に9割余を非言語部分が占めるという統計結果がある（黒川1994）。

　コミュニケーションの中でこのように大きな要素をなす周辺言語は，言語記号化以前のもの，あるいは記号化不可のものとして，多くの情報を発する信号として機能し，主体の無意識の領域をも表出する。言語記号ではないが，共同体の中での習慣的なものとして，それが何を意味し，そこから何を看取するかは大まかな約束事となっていると言えよう。言語記号部分に比べればホモサピエンスとしての普遍性を持つが，それを前提に解することには危険がある。自分や自分の属す共同体を中心に人はものを見るため，同じように見えるものは同じ意味内容を示すと考えがちだが，実は違う意味や逆の意味をもつこともあ

る。自分の属す共同体内では目にしないものを見ると，誤解したり，違和感や不快感を覚えたりする。日本語共同体で頻繁に見られる相槌やうなづきは奇異の目で見られることがある。アラブ社会でのコミュニケーションにおける空間的な距離の取り方は英語や日本語共同体の場合より，ずっと密着している。自分の属す共同体にないものを不快と感じることは偏見や差別的意識に結びつき易い。異文化コミュニケーションの問題点はこうしたところにも指摘できる。

　言語記号に関してなら理性を中心に処理されるものが，周辺言語という言語記号化以前のものに関しては情動や感情の次元と結びつき易い。送信の側で起きていることが受信の側にもそのままの直接的な反応をひき起こす。記号として分化され，共同体のメンバーに共有されて個人性を失う，その前段階にある，未分化な部分には個人的なものが直接出ており，そこに受け手が反応するということが考えられる。

4. 従属節を使った表現

　前節でE-1 (1)，E-1 (2) の表現を見てきたが，英語ではこの部分を表現する別の方法もある。E-1(1)，(2)が言わば典型的な話し言葉であるのに対し，同じく話し言葉ではあるが，書き言葉に近い，次のような，従属節を使った複文により表現することが可能である。

　　E-2　As I expected, it is quiet.　　　　　　　　　　　（Healey 1975）
　　E-3　As you told me, it is quiet.
　　E-4　As people say, it is quiet.

E-2の 'As I expected, ～' の部分は1975年，英国シェフィールド大学の日本語教科書に和文の訳として載せられた。日英語に通じる著者，ヒーリーによる「やはり」を使った日本文に該当する英文を考えての卓見であり，この種の訳出として極めて早い時期のものと見られる。また，第3節で見たE-1(1)，(2)は英語の話し言葉であるが，やはり日英語に通じるコリックが編者に加わって初めて実現した記述である。1980年代半ばまでに刊行された大和英辞典では「やはり」の項にこれらの英文をみつけることはできない（氏家1989）。E-2～E-4は英語によって「やはり」と同様の心的プロセスを表現することができる例として指摘することができる。これらの言い方は英文として通用するが，

しかし，そのこととそれが頻繁に使われているか否かは別の問題だということにも注意したい。

　もし頻繁にこうした心的プロセスが言語共同体の中で意識されるような状況が存在するなら，記号化を見ることになると考えられる。英語の場合，E-2〜E-4 のように複文中の従属節によって表現するだけのものを日本文では主体的表現部分を表す副詞一語によって表す。

　ところで，E-2〜E-4 の言い方は従属節を要しての表現であるために，主語に準じるものと述語に準じるものとが明示され，誤解の起こりにくい表現となっている。日本語の「やはり」「やっぱり」の場合は英語の E-1 (1)，E-1 (2) 同様，聞き手は推測により話者の言わんとするところを察知するわけで，仲間内では効率の良い表現法だが，聞き手が集団外の人間であれば事情が変わって来る。よく日本語は仲間内の言葉，ムラ言葉と言われるが，他の言語共同体でももともとはその形でコミュニケーションを図ってきたわけで，それが長期間，変化を受けずに肥大化してきたものが日本語の交信法と見ることができる。

5. 二種類の話し言葉と集団の特質

　それでは次に英語共同体で E-1 (1)，(2) と E-2〜E-4 とはそれぞれどのような集団で使われるのかについて見ることにしたい。

　バーンステインは英国の学童の話し言葉に二種類の別を看取し，この種別とその使われる集団の特質との関係を明らかにした (Bernstein 1977)。E-1 (1)，(2) のような限られた人々の間で通じるものを限定コード，E-2〜E-4 のような誰にでも通じるものを精密コードと名付けた。その後，成人集団にも範囲を広げて観察した結果，限定コードでの交信が普通に見られる集団は次のようなものだとした。

1　家族
2　軍隊や少年院での仲間
3　職場の長期にわたる同僚
4　結婚期間の長い夫婦

5. 二種類の話し言葉と集団の特質

限定コードはこのような集団において使われるということが示すように、自然言語の発生のさまを保持したものと言えよう。一方で、5、6歳児に精密コードを使う集団も存在するが、それは家庭でそのように教育していることによる。精密コードは自然発生的なものと違い、かなり意図的な、多くの部外者との有効な交信を狙って、後世になって作られた、と言うよりは、時間をかけて作られてきたコードと言うべきであろう。バーンステインが社会教育学者としてこの二種のコードを発見するに至ったのは学校という場で使われる話し言葉に一定の型があり、それをマスターしていないことが理由で、本来の能力とは無関係に学習能力が身に付かない学童がいると推定し、その不公平な状態の解消を目指したことによる。このような事情で、当初は家庭の違いが着目され、20世紀後半の階級社会である英国で上流、中流に属す家庭で精密コードが使われ、下層とされる家庭で限定コードが使われるという結論が出された。その後、様々な側面から調査、考察を続け、上の1〜4のような集団とそれ以外の集団という形に分類されるに至った。能力をもちながら成績の振るわない学童に力を付けたいという動機に発する研究が、階級に言及することのタブー視されている社会で、また、その他の、研究内容とは無縁な理由や誤解により、長期にわたり無視され続け、言葉の研究に殆ど取り入れられずに来た。さらに、日本では社会教育学の分野で彼の著作の翻訳は出版されたが、章によってその成果が著しく異なり、翻訳としての体をなさない部分もあるという、訳書として無惨な結果に終わった。そのため、原著に接する以外の手をもたない人には貴重な研究内容に触れる術もなく放置されているという実情がある。

さて、限定コードの言語形式は日英語で共通する部分に関して見れば、従属節などはあまり使わない、形容詞や副詞も限定されたものしか使わない、というような比較的単純な形式であるという特徴をもつ。限定コードでの交信の基礎には'we-ness'という意識（「私達意識」）が見られる。1〜4のような集団でのコミュニケーションでは当事者間に了解済みの事項が多い。言わば、「今・ここ」という次元での交信が多くなり、言語記号の独立性に依存する比率は当然低くなる。逆に、音調や表情等、周辺言語で伝えられることは多いと言えよう。了解済みの事項の言語記号はあえてなされることがない。

交信する当事者間で共有する状況を前提にして、そこでの交信をする時に含

過程構造を使った文や限定コードが使われる。状況自体は当事者に認知，認識されているため，殆ど言語化されるということがない。これを状況に組み込まれた表現法と呼ぶことができよう。ホール(Hall 1976)の「高コンテクスト文化」の内容でもある，異文化からの学習者がこれを我が物とするには相応の時間が必要になる。

6. 日本語辞典と和英辞典の記述内容

　日本語の学習者はことばの意味内容を学ぶ時，母語と日本語とを対応させた辞書を使う。それが十分に整備されている言語ばかりではないことを考慮すると，現時点で一般に最も多く使われるものとしては和英辞典が挙げられる。日本語辞典の使用は日本人の英語学習における英英辞典の場合同様，一定のレベルに達した学習者による。

　日本語辞典における意味記述は時代と共に精密化へ向かっていることが看取される。『日本国語大辞典』は語の意味内容を分類し，それに従って記述がなされるが，各意味内容に分類される用例が時代を追って挙げられる。1972年から1976年までの刊行後，第二版が2002年に刊行された。この四半世紀の間に起きた世界情勢の変化はいわゆる国際化，情報化である。日本語教育と日本語研究も規模を拡大させた。日本語の記述にもその姿が見て取れる。「やはり」の項目をその一例として見るなら，まず，1976年刊のものを瞥見すると，

① 「静止」の意として15世紀の用例が挙がる
② 「以前と同じく」の意として室町末期〜近世初期の用例が挙がる
③ 「予期した通り」「以前に考えたのと同じく」の意として19世紀の用例が挙がる

という具合である。そこに，2002年の第二版で次のものが加わる。

④ 「紆余曲折があっても結局は元と同じ結果，事態に終結」の意として18世紀の用例が挙がる

1976年刊のものでは①から次第に意味が拡大していくことがわかる。が，2002年に加えられた④は意味上，また，用例の時期からも，決して1976年刊の③から変化したものではない。①から③では不十分だという見解が後から生じたことで，加えられたようだ。しかし，意味としてはむしろ，②の変形と見

るべきであろう。③は②の変化発展したものである。

こうした日本語記述の変化を受けて，和英辞典の記述も先に見た1983年刊のものからさらに次のようなものになっている。2004年末に出版された『アドバンストフェイバリット和英辞典』から主な内容を挙げる。

やはり
1　［同様に］also, too
　例文　彼女は美人だが，お母さんも**やはり**きれいな人だ　She is beautiful, and her mother is *also* beautiful.
2　［たとえそうでも］even so
　例文　彼はみんなに好かれているけれど，**やはり**私は彼とはうまくいかない　Everyone likes him, but *even so* I can't get along with him.
3　［依然として］still；（また）again
　例文　**やはり**彼女に会うつもりですか　Are you *still* going to see her?
4　［思ったとおり］as one thought；（予測どおり）as one expected
　例文　**やはり私の思ったとおり**だった　It was just *as I thought*［*expected*］.
5　［結局］after all
　例文　**やはり**中国へ行くことにした　I decided to go to China *after all*.
　◆デジカメを買おうと思ったが，**やはり**（→考え直した結果）やめることにした　I thought of buying a digital camera, but *on second thought* I decided not to buy one.

　日本語の主体的表現は母語話者にはその意味内容について説明する必要はないが，学習者にはどうしても説明のほしいところだ。第3節で見た1983年刊の和英辞典が画期的なものであったのは日本語辞典の記述が精密化された時期との一致はあるが，それ以上に，日英語に精通する英語母語話者が執筆陣に加わったことが大きかったと言えよう。
　上の2004年刊の和英辞典は「やはり」の項目を見る限り，少なくとも1980年までに刊行された大型和英辞典に比べはるかに豊かなものになった。和英辞典の記述は当然ながら日本語辞典を参照してなされるものと思われる。元にな

るものが豊かになればそれだけの結果が得られる。ここで学習者にほしいのは「やはり」についての統一的記述である。日本語辞典を母語話者が見る限り，意味内容の変化発展も読み取ろうとすればできる。しかし，学習者にはぜひこの主体的表現に，文脈による違いを超えて，厳然と在る意味内容の記述がほしい。

■ 発展問題

(1) 「含過程構造」をもつ副詞の内，関心のある語について和英辞典でどのように英訳されているかについて，例文とその英訳を対照させる形で調べてみよう。

(2) (1) の調査結果から引き出せる日本語表現の特質についてまとめてみよう。

(3) 周辺言語の例をテレビドラマの録画やシナリオから取り出し，その伝達力について言語記号部分と比べて考えてみよう。

(4) 限定コードを使う人間関係とその表現の具体例を身近なところから挙げてみよう。

■ 参考文献

1) 浅野 博他編『アドバンストフェイバリット和英辞典』(東京書籍株式会社，2004)
2) 市川・コリック・日南田・牧『新和英中辞典』第3版（研究社，1983）
3) 氏家洋子「日本語と日本人の思考」(『講座 日本語教育第9分冊』pp. 60-77, 早稲田大学語学教育研究所，1973)
4) 氏家洋子「日本語に見る含過程構造」(国語学会春季大会口頭発表，1974（要旨：『国語学』98号）氏家洋子1996参照))
5) 氏家洋子「和英辞典と日本語：含過程構造をもつ副詞の英語への置換えを中心に」(『国文学 解釈と鑑賞』54巻1号，至文堂，1989)
6) 氏家洋子『言語文化学の視点』(おうふう，1996)
7) 黒川隆夫『ノンバーバルインタフェース』(オーム社，1994)
8) Bernstein, B. (1977) *Class, Codes and Control*, vol. 1, Routledge and Kegan Paul
9) Healey, G. H. (1975) *Introduction to Japanese*, vol.3, The University of Sheffield
10) Hall, E. T. (1976) *Beyond Culture*, Doubleday Anchor Books

(岩田慶治・谷　泰訳『文化を超えて』TBS ブリタニカ，1979)

11) Ujiie, Y. (1990) "Mental integration and linguistic form : Japanese words vs. English clauses", *Proceedings of 14th International Congress of Linguists*, Academy-Verlag

第15章 「ご利用いただけます。」の歴史
―敬語は敬意を表すものではない―

【敬語】

キーワード：ご利用いただけます，謙譲語，改まり語，商業敬語，世論調査
敬意敬語観，関係認識敬語観

1.「ご利用いただけます。」の現状

2006年（平成18年）5月，午前5時前，NHKテレビ衛星放送ハイビジョンにチャンネルを合わせると，次のような文字放送の映像が現れる。

　デジタル衛星ハイビジョンでは，データ放送とEPG（番組ガイド）は，ご利用いただけます。

このように，公共放送で「ご利用いただけます。」が使用されている現状を考慮すれば，この表現は，市民権を獲得しつつある表現と考えてよい。
ただし，この文字放送は，係助詞「は」を二度使用しているなど，日本語としての流暢さに欠け，十分推敲された表現とは考えにくい。

図16

1.「ご利用いただけます。」の現状　　　　　　　　　　　　　　　*125*

図17

図18

　ところで，公共放送とは別なところでは図16〜19に示すように「ご利用いただけます。」に類する表現が多用されている。
　JTBは「お楽しみいただけます。」(図16)，NECは「お申し込みいただけます」(図17)，ANAは「ご指定いただけます。」「お使いいただける」(図

図19

18)，unicefは「募金をしていただけます。」「ご利用いただけます。」（図19）などと告げている。これらは，日本を代表する企業や公的機関によりなされた表現であり，「ご利用いただけます。」に類する表現は，現代日本語として定着しつつあると判断される。

2. 朝日新聞の英断

ところで，2006年（平成18年）4月23日付け朝日新聞「ことば談話室」には，図20のような比留間直和記者の署名記事が掲載されている。

記事の要点は，2000年（平成12年）以来，朝日新聞社の社告（図21）で使用されていた「ご利用いただけます。」という表現を「ご覧になれます。」という表現に，2006年（平成18年）4月より，改めるということである。

この措置は，現在進行中の日本語の変化「ご利用いただけます。」の定着化に対する異議申し立てとみなせるもので，英断と評価できよう。

記事中に，この稿の論者の談話が引用されているが，次節において，その詳細を紹介する。「ご利用いただけます。」の淵源は，昭和30年代の高度経済成長期に遡るものと判断される。

3. 朝日新聞広告欄に見られる「ご利用いただけます。」類の歴史

図22は「ご利用いただけます。」の歴史にとって記念碑となる広告である。

1955年（昭和30年）1月14日の朝日新聞に三越は広告を掲載し，その中で，「合冬兼用にお召し戴けます」という表現を用いている。

「戴く」は，本来，「もらう」の謙譲語であり，話し手（自分）の側の表現で，結果的に聞き手（相手）を高める表現である。したがって，「戴ける」とは，自分が出来るということを告げたことになる。一方，広告の趣旨は，聞き手（相

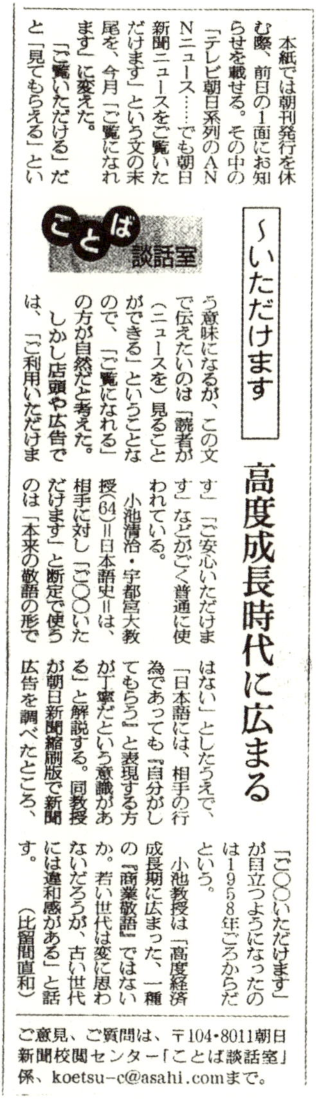

3. 朝日新聞広告欄に見られる「ご利用いただけます。」類の歴史

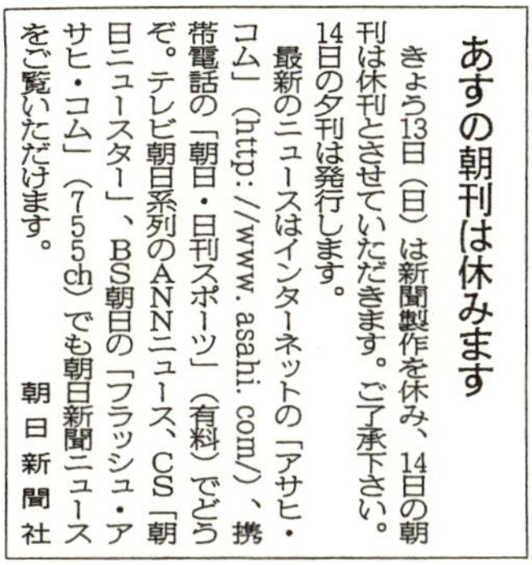

あすの朝刊は休みます

きょう13日（日）は新聞製作を休み、14日の朝刊は休刊とさせていただきます。ご了承下さい。14日の夕刊は発行します。

最新のニュースはインターネットの「アサヒ・コム」（http://www.asahi.com/）、携帯電話の「朝日・日刊スポーツ」（有料）でどうぞ。テレビ朝日系列のANNニュース、CS「朝日ニュースター」、BS朝日の「フラッシュ・アサヒ・コム」（755ｃ）でも朝日新聞ニュースをご覧いただけます。

朝日新聞社

図21　2004年（平成16年）6月13日の朝日新聞社の社告

ことば談話室

〜いただけます

高度成長時代に広まる

本紙では朝刊発行を休む際、前日の1面にお知らせを載せる。その中の「テレビ朝日系列のANNニュース……でも朝日新聞ニュースをご覧いただけます」という文の末尾を、今月「ご覧になれます」に変えた。「ご覧いただける」だと「見てもらえる」という意味になるが、この文で伝えたいのは「読者が（ニュースを）見ることができる」ということなので、「ご覧になれる」の方が自然だと考えた。

しかし店頭や広告でよく見聞きする「ご利用いただけます」は「本来の敬語の形で違和感がある」と断定で使うのは「本来の敬語の形で はない」としたうえで、「ご安心いただけます」などがごく普通に使われている。

小池清治・宇都宮大教授（64）＝日本語史＝は、「ご○○いただけます」は、相手に対し「ご○○いただく（ニュースを見てもらう）」と表現する方が丁寧だという意識があるので、「ご覧になれる」ということが『商業敬語』ではないか。若い世代は変に思わないだろうが、古い世代には違和感がある」と話す。

「ご○○いただけます」が目立つようになったのは1958年ごろからだという。

小池教授は「高度経済成長期に広まった、一種の『商業敬語』ではないか。若い世代は変に思わないだろうが、古い世代には違和感がある」と話す。

（比留間直和）

ご意見、ご質問は、〒104・8011朝日新聞校閲センター「ことば談話室」係、koetsu-c@asahi.comまで。

図20　2006年（平成18年）4月23日の朝日新聞「ことばの相談室」

[図22]

図22

手）が「合冬兼用として着用することが可能ということを知らせることにある。したがって，趣旨と表現が矛盾するものとなり，誤用ということになる。三越はこの誤用に気付かず，広告を打ったということになる。

この種の誤用の先例は，次のようなものである。

　　よい家具がお安くお求め願える絶好の機会です
　　　　　　　　　1954年（昭和29年）11月11日　大丸百貨店

「願う」のは大丸側。自分はすでに知っているのであるから，わざわざ金を掛けて，広告する必要はまったくない。広告の趣旨は，聞き手（相手）側が求められる（買える）ということを知らせることにある。この「願える」を「戴ける」にすると三越の広告が生まれる。

高島屋も同様の誤用の先駆者である。

　　すぐお召しねがえる仕立上　1954年（昭和29年）12月19日　高島屋

「お召し」は聞き手（相手）側であることは尊敬語の使用で明白であり，「ねがう」のは話し手（自分），すなわち高島屋側であることは明らかであるから，

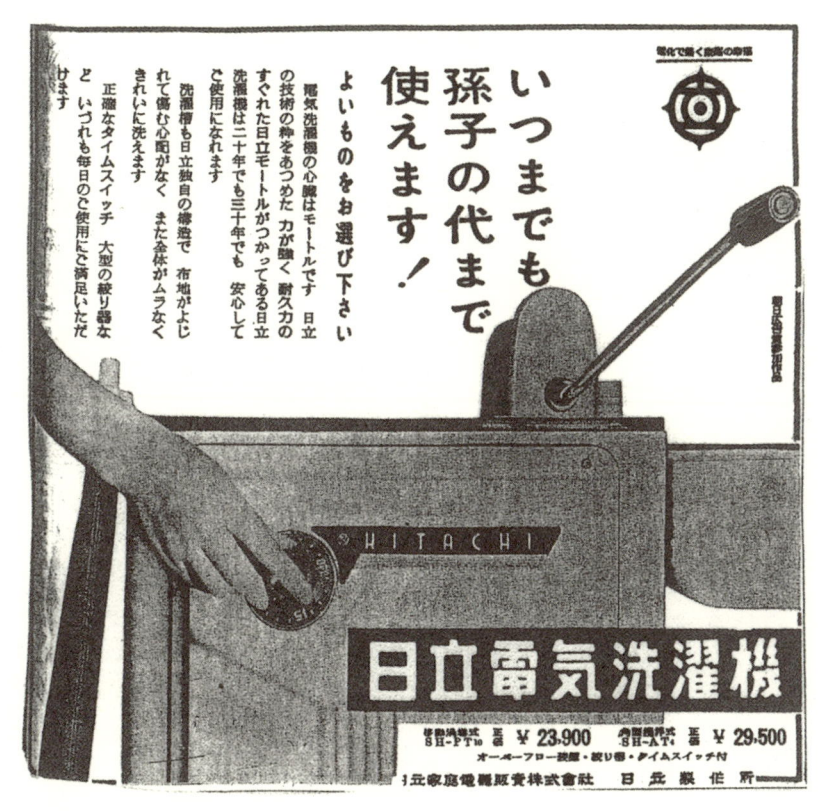

3. 朝日新聞広告欄に見られる「ご利用いただけます。」類の歴史　　　129

図23

これも趣旨を表現が裏切ったものとなっている。
　次の例は正用と誤用が共存する貴重な例。

　　　洗濯機は二十年でも三十年でも　安心してご使用になれます　（中略）　正
　　確なタイムスイッチ　大型の絞り器など　いづれも毎日ご満足いただけま
　　す　　　1957年（昭和32年）1月16日　日立電気洗濯機・日立製作所

「ご使用になれます」は正用，「ご満足いただけます」は誤用である。
以下，誤用例を列挙する。

- とくに，アパート住いのご家庭や，流し場にお困りのおうちできっとご満足いただけます。　　　　　1958（昭和33年）12月11日　松下電器
- 安心してお使い頂けます　1959（昭和34年）1月3日　住友化学工業
- どなたも安心してご相談いただけます

　　　　　　　　　　　　　1959（昭和34年）1月7日　大和證券
- ご愛用いただけます。 1959年（昭和34年）1月10日　ゼネラルテレビ
- きっとご満足いただけます　　1959（昭和34年）1月29日　三菱電機
- お積立いただき　　1969年（昭和44年）1月1日　日本長期信用銀行
- お楽しみいただけます　　1979年（昭和54年）1月1日　東海汽船
- ご利用いただけます　　1989年（昭和64年）1月1日　日立製作所

4. 文化庁国語課による「国語に関する世論調査」

　1995年（平成7年）4月，文化庁国語課は「国語に関する世論調査」を行っている．図24は，世論調査の結果の一部である（文化庁1996）．

　本章の課題に関しては，(11)が参考になる．

　「無料休憩室を御利用いただけます」という表現が「気になる」としたもの，20.4％,「気にならない」としたもの，76.0％,「どちらとも言えない」としたもの2.4％,「分からない」としたもの，1.1％である．

　この図表では，回答者の年代構成が不明確であるが，昭和30年代以降に生まれた四十代半ば以前の世代は，恐らく「気にならない」を選択したものと想像される．これらの世代では，生まれた時から，「ご利用いただけます」という表現に接しているのであるから，特に厳しい敬語教育を受けない限り，「気になる」アンテナを具有していないわけである．

　回答者の2割は，五十代以上の者であったと推測される．これらの人々は，「ご利用いただけます」という表現に違和感を感じたと思われるが，人間という生物の必然で，これら2割の人々は，残りの8割の人々より早くこの世を去ることになる．そうなった後，「ご利用いただけます」に「待った」を掛ける人間は皆無となることであろう．

　なお，関連する調査項目に(8)がある．

　「お客様，どうぞいただいてください」という表現が「気になる」としたも

4. 文化庁国語課による「国語に関する世論調査」   131

Q11〔回答票〕ここに挙げた(1)から(11)の文中の下線の部分の言い方は，あなたにとって気になりますか，それとも気になりませんか。

(n＝2,212)　　　気になる　分からない／どちらとも言えない　気にならない

	気になる	どちらとも言えない	分からない	気にならない
(1) 先生，こちらでお待ちしてください	55.6	2.4	1.0	41.0
(2) お客様が申されました	41.4	2.9	1.5	54.2
(3) とんでもございません	17.9	2.3	1.1	78.7
(4) ○○さん，おりましたら御連絡ください	56.0	1.4	0.8	41.8
(5) 3時に御出発される予定です	35.4	2.7	1.0	60.8
(6) お客様はお帰りになられました	23.6	2.3	0.9	73.2
(7) 先生がおっしゃられたように	24.5	2.5	1.0	71.9
(8) お客様，どうぞいただいてください	62.5	2.0	1.1	34.4
(9) どうぞおめしあがりください	12.4	1.6	0.6	85.4
(10) 足元にお気をつけください	17.4	1.5	0.5	80.5
(11) 無料休憩室を御利用いただけます	20.4	2.4	1.1	76.0

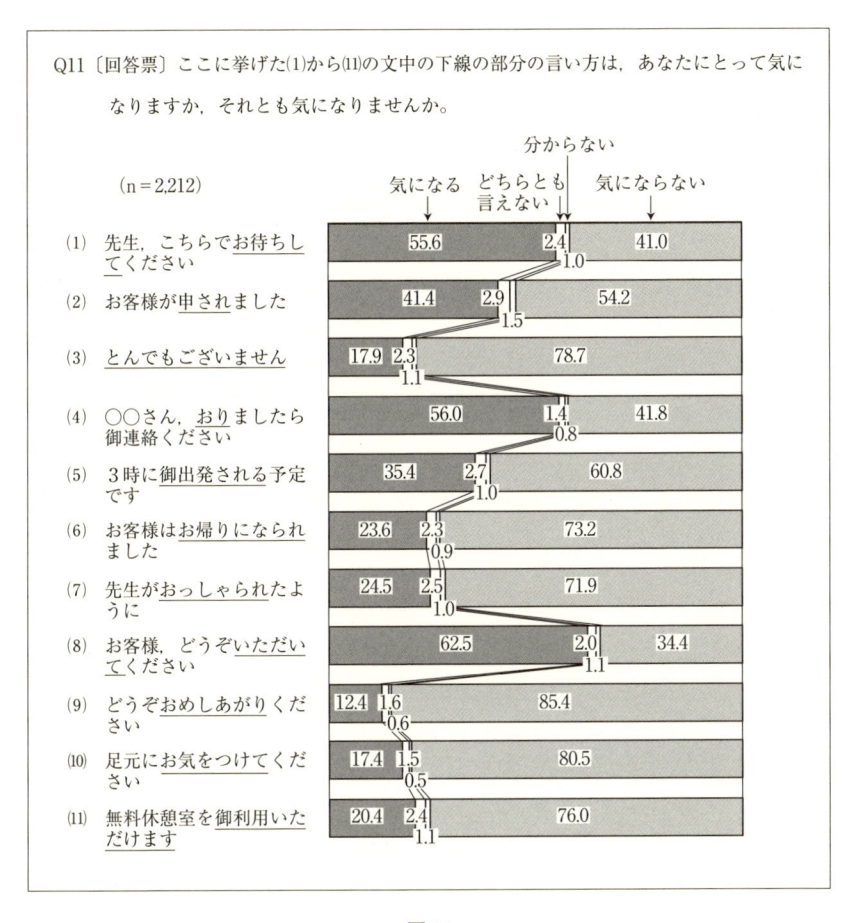

図 24

のが 62.5％，「気にならない」としたものが 34.4％，「どちらとも言えない」としたものが 2.0％，「分からない」としたものが 1.1％となっている。

　(8) の「いただく」は本動詞，(11) の「いただける」は補助動詞という相違があり，本動詞においては，本来の用法が保持される傾向にあるようである。

　ところで，筆者は，血圧の関係で月2回，施薬を受けているが，宇都宮市内の行きつけの薬局には，次のような張り紙が掲げられている。

医師からの処方箋は四日以内に持参してお薬をいただいてください。

こういう張り紙を見ると筆者の血圧はピンと跳ね上がるのであるが，本動詞「いただく」が謙譲語から改まり語へ移行するのも，そう遠い将来ではなさそうだと暗い気持ちになる。

どうやら，「へりくだり」という姿勢に基づく謙譲語「いただく」が，場面への配慮に由来する改まり語「いただく」へと変質し，移行するとういう敬語史上の変化が定着することは確実なことのようである。

5. 中堅研究者の考え

筑波大学助教授矢澤真人（まこと）氏は 1957 年（昭和 32 年）9 月生まれであるから，現在 49 歳か 50 歳，「いただく」に関しては微妙な年齢である。その矢澤氏が『続弾！　問題な日本語』（北原 2005）において「ご利用いただけます」という文章を執筆しておられる。

この文章は，学術的な論文ではなく，啓蒙的文章であるが，この世代の言語感覚を伺う上では格好の文章であろう。

　　［質問］宣伝の文書などによく使われている「ご利用いただけます」がどうも気になります。が，特に問題はないのでしょうか。
　　［答え］「会員はこのサービスをご利用いただけます」は，文法的に誤った表現です。これは，次のような確認をするとわかります。

矢澤氏は「文法的に誤った表現です。」と断言している。心強いことである。筆者は誤りであることを繰り返し，本章で述べてきたが，この世代でも言語の専門家は「誤りだ」とする言語感覚を有していることが確認できる。

ただし，筆者は，「文法」をシンタックス，文論，構文論の意に用いるので，「ご利用いただけます」を「文法的誤り」とは考えない。文法的に誤っていたら，非文になり，日本語とは認定されないと筆者は考えているからである。「ご利用いただけます。」は「敬語法的に誤った表現」と把握している。

矢澤氏は啓蒙的な本の性質を考慮し，「文法」を，ひろく「ことばに関する

規則」と考えて「文法的」という表現をなされたのであろう。

矢澤氏の文章は，続いて，「ご利用いただけます」という誤用が発生した心理的，言語的理由を推測しているのであるが，それは，本章の眼目とはしていないので，省略にしたがう。

矢澤氏の文章の最後に「ポイント」として，次の表現がなされている。

> 利用者である「会員」を主語にした「会員はこのサービスをご利用いただけます」は文法的には誤った表現ですが，会員は利用可能であること，会員の利用は自分たちにとって恩恵であること，会員に敬意を表すこと，自分たちではなく会員のほうを話題の中心に置くこと，強制や恩着せがましさを感じさせないこと，などの意図を満たす表現として多用されているものと思われます。

この「ポイント」の文章が矢澤氏の手になるものかどうか，はっきりしない。あるいは，編集者の手になるものかも知れない。「主語」という術語の俗な用法からすれば，研究者特に文法を専門とする矢澤氏の手になるものとは考えにくいのであるが，大意は矢澤氏のものと一致する。ここに伺える「ご利用いただけます」容認論には，昭和30年代生まれという世代の言語感覚が感じられるのである。

以上の考察により，「ご利用いただけます。」の定着化に伺える，謙譲語から改まり語への変化が，昭和30年代の高度成長期の，デパートや薬品会社，家電製品会社の広告という商業敬語に由来するということが明らかにされたものと考える。

6．二つの敬語観—敬意敬語観と関係認識敬語観—

敬語の濫れが指摘されて久しい。まだまだ，この濫れは続くことと思われる。その原因の一つは，日本人の敬語観の変化にあると考えられる。

山田孝雄（やまだよしお）は，敬語は敬意を表すものとし，尊敬語・謙譲語・丁寧語の三分類を示した。この山田の敬意敬語観は，修正されつつも，発表されて百年，日本人の敬語観を代表するものであった。現在の敬語研究をリードする研究者の一

人，菊池康人（1954～　）も基本的には敬意敬語観に基づき，敬語研究を続けている。

一方，時枝誠記は，言語過程説という独自の言語観を構築し，この観点から敬語を記述している。彼は，「詞の敬語」(いわゆる尊敬語・謙譲語) と「辞の敬語」(いわゆる丁寧語) に二分類する。時枝の敬語観は，人間関係についての認識を言語化したものが敬語という「関係認識敬語観」と名付けることができる。

筆者は時枝の「関係認識敬語観」が敬語の実態に基づくものであると判断している。その理由は種々あるが，紙幅の関係上，一例をあげるにとどめる。

日本人学生の一人は，「僕は，××先生を尊敬していないから，決して，××先生と敬称を付けて呼びたくない。」と主張している。

素朴な敬意敬語観である。もし，この主張にしたがって，彼が社会生活を行ったら，挫折することになるだろう。

敬語使用は，個人の敬意という私的感情に基づいて左右されるものではない。世の常識に基づいてなされるべきものなのである。

関係認識敬語観の正しさはこの一例を示せば十分であろう。

「ご利用いただけます。」も，広告主の購買者に対する個人的敬意を表しているものではない。広告主と購買者間にふさわしい表現という意識により，選びとられた表現，すなわち，関係認識敬語観に基づく表現であるのである。

濫れの根本原因は敬語の体系についての知識不足と関係認識の変化である。敬意敬語観では，濫れの本質を説明することはできない。

■ **発展問題**

(1) 夏目漱石『坊っちゃん』の一節である。あとの質問に答えなさい。
　a　清は時々台所で人の居ない時に、「あなたは真つ直でよい御気性だ」と賞める事が時々あつた。　　　　　　　　　　　[下女の清　→　坊ちゃん]
　b　「到底あなたの仰やる通りには、出来ません、この辞令は返します。」
　　　　　　　　　　　　　　　　　　　[新任教員の坊っちゃん　→　校長]
　c　「今のは只希望である。あなたが希望通りできないのはよく知つているから心配しなくつてもいい」　　　　　　　　　　[校長　→　坊っちゃん]
　d　「あなたも御見受け申すところ大分御風流でいらつしゃるらしい」

　　　　　　　　　　　　　［宿の亭主　→　客である坊つちやん］
　e　すると狸は「あなたは今日は宿直ではなかつたですかねえ」と真面目に
　　さつて聞いた。　　　　　　［狸＝校長　→　平教員の坊つちやん］
① 辞書には「近世以後，目上や同輩である相手を敬って指す語。現今は敬意の度合いが減じている。」と説明されている。『坊つちやん』における「あなた」の用法を記述しなさい。
② 学生が指導教員（たとえば，山田教員）に対して「あなた」という代名詞を使することが現在の敬語運用法に合致するものかどうか論じなさい。

(2) 次の張り紙や掲示物における敬語の問題点を指摘しなさい。

A　　　　　　　　B　　　　　　　　　　C

図 25

■ 参考文献

1) 菊池康人『敬語』（角川書店，1994）
2) 菊池康人編『朝倉日本語講座8　敬語』（朝倉書店，2003）
3) 菊池康人「『敬語とは何か』がどう変わってきているか」（『日本語学9月臨時増刊号　敬語　理論と実践』明治書院，2005）
4) 北原保雄編著『続弾！　問題な日本語』（大修館書店，2005）
5) 辻村敏樹「日本語の敬語の構造と特色」（『岩波講座日本語4　敬語』（岩波書店，1977）
6) 時枝誠記『国語学原論』（岩波書店，1941）
7) 文化庁文化部国語課編『新「ことば」シリーズ4―言葉に関する問答集―敬語編（2）』文化庁，1996）
8) 山田孝雄『日本文法論』（宝文館出版，1908）

索　引

【事項】

あ行

あいさつ行動　102, 104
あいさつ表現　103
合図　94
相槌　92, 116
アジア　105
甘え　93, 94
甘え上手　94
アメリカ　105, 106, 108
改(あらた)まり語　64, 131
アラブ　105, 117
ありがとう　108

異言語　74
意志的行動　78
意志動詞　23, 24
位相　61
一語文　29
一回完結型　106
移動対象　57
茨城方言　3
異文化接触　73
今・ここ　102, 106
イントネーション　28, 29, 30, 32

ウチ社会　107, 108, 109
ウナギ文　37, 38
運用型言語　56

英語　74, 96, 116

欧州　105
オランダ　105
音韻　3, 6
恩恵の供与者　109

音声　3, 6
音調　115

か行

下位　110
階級　119
概念のセット　100
外来語　16, 18, 64
係助詞　49, 50
学際領域　76, 77
格助詞　50
確信度の度合い　70
カタカナ語　17
学校文法　43
仮名遣い　12, 13
含過程構造　85, 113, 114, 115
関係修復的言語行動　107
関係認識敬語観　133, 134
漢語　60, 63, 64
韓国　106
冠詞　79
感情　99
感情表現　92
完全文　40, 41
感動詞　84, 88, 100
感動助詞　88

基準対象　57
規則型言語　56
期待　93, 97, 100, 109
期待外　109
既知　50
客体的表現　80, 82, 83, 84
共起　66, 70, 71
儀礼的きまり文句　105
近世国語学　84
近接文　40, 41

具体的な名詞　67
口惜しい　99, 100

悔しい　98, 99

敬意敬語観　133, 134
経験の共有　106, 108
敬語　84
形容詞　66, 67, 70, 71
結果目的　55
原因目的　57
言語記号獲得　85
言語主体　82
言語文化学　76, 77
謙譲語　126
現象叙述文　24, 25
限定コード　118, 119

語　28, 32
行為叙述文　24
公的事業行事対象　57
高文脈言語　41
語感　61
語種　60
言葉読み　21
混種語　60

さ行

材料目的　54
さすが　114
三母音方言　3

詞　83, 84
辞　83
子音　10
使役目的　57
時間対象　57
指示的意味　35
自然的条件　92
事態の認知　114
自動詞　23, 24, 25, 27
社会的条件　93
社交の言動　108

索　引

終助詞　84, 88
集団主義社会　94
集団主義文化　92
周辺言語　78, 85, 88, 115, 116,
　　117, 119
熟字訓　21
主語・述語　45, 46
主体的表現　80, 83, 84, 88,
　　115, 118
純粋言語学　76
上位　110
商業敬語　133
状況対象　57
正直　96
状態叙述文　24, 25
省略文　40
助動詞　84
親　110
心的過程　114, 115
心理的不均衡　107

すみません　109

清音　11
生産的条件　92
誠実　97
精神(的)文化　73, 77
声調　115, 116
精密コード　118, 119
接触行動　106
接続詞　84
全体対象目的　54

疎　110
相互依存性　110
相互作用性　90
相対形容詞　68
素材敬語　84

た 行

第一次集団　107
待遇的配慮　89
第三次集団　108
対者敬語　84
対照言語学　74, 76
対人的意識状態　79, 80
題説構文　40, 41
第二言語教育　76

第二次集団　108, 109
第二の母語　76
大脳生理学　78
退避対象　57
濁音　11
タグクエッション　88
他動詞　23, 24, 25, 27, 32
ため息　116
たら　89
単語　80

中国語　74, 97
抽象的な名詞　67
調音位置　10
調音方法　10
陳述の副詞　84

出会いのあいさつ　104
程度の度合い　67, 68, 71
程度名詞　66, 67
丁寧語　64
てば　89

度合い　67
ドイツ　108
同義語　60, 61, 64
道具目的　54
同族目的　57
同定文　41
同表記異義語　17, 18
動物行動学　105
栃木方言　3

な 行

なくては（ならない）　86

日常語　63, 64
日本語辞典　121, 122
ニュアンス　61, 64

ねばならない　86

は 行

バ行音とヴァ行音　18
漠然性　70
破擦音　9, 11
場所目的　55
場面　78, 79

パロル　75
反復確認型　106
反復的確認行動　108

非言語情報部分　116
表出　75

フィラー　92
不均衡修復　107
副詞　114
符号　28, 29, 31, 32, 34
不誠実　95
物質的文化　77
部分対象目的　54
フランス　99
文　28, 30, 31, 80
　──の成分　44, 45, 46
文化人類学　78, 105
文化的意味　35
文章語　63, 64
文節　45, 46

平成仮名遣い　17, 18, 20

母音　3
母音三角形　7
方向対象　57
母語　73, 74
　第二の──　76
　──の干渉　9
補助・被補助の関係　45
ポーズ　116
ポライトネス理論　84, 105

ま 行

摩擦音　9, 11

未知　49, 50

無意志動詞　23, 24
ムラ言葉　118

命題内容　90

目的目的　57
文字読み　21
モダリティー　90

や 行

役割目的　57, 58
やっぱり　112
やはり　113, 114, 115, 117, 120, 121

予想外　109
四つ仮名　12
世論調査　130
四母音方言　3

ら 行

ラング　75, 76, 80, 103

離脱対象　57
琉球方言　3

類義関係　63, 65
類義語　60, 61, 62, 65
類例関係　49

わ 行

和英辞典　121
和語　60, 63, 64
和語動詞　63
私達意識　119

欧 文

dependent　94
have to　87
insincere　95
must　87
sincere　96
spoilt child　94

【人　名】

あ 行

青木伶子　52
赤羽根義章　34, 42
秋元美晴　65, 71
浅野　博　122
阿部圭子　111
天沼　寧　13
有坂秀世　7
粟田賢三　81

市川繁治郎　122
井出里咲子　91, 111
犬飼　隆　22
任　栄哲　111
岩井紀子　81, 101
岩井八郎　81, 101
岩田慶治　123
岩淵　匡　81

氏家洋子　81, 90, 91, 101, 122, 123

大木正義　14
大久保忠利　34
大槻文彦　29, 59
大坪一夫　13
大野　晋　52
奥井一満　111
奥田靖雄　59
奥津敬一郎　39, 42, 59
尾崎放哉　43
尾上圭介　34, 42

か 行

春日政治　49, 52
金谷武洋　34
亀井　孝　7
川島幸希　34
川出才紀　71
川端康成　91

菊池康人　134, 135
北原保雄　39, 42, 135
金田一春彦　14, 22, 29, 34, 42, 81, 98, 101

久島　茂　71
国広哲弥　71
黒川隆夫　122

小池清治　34, 42, 52, 59
河野六郎　7, 22
古在由重　81
小林賢次　42, 52
小林祐子　111
コリック　117, 122

さ 行

佐治圭三　65
沢潟久孝　14

柴田　武　42
島田昌彦　34
城生佰太郎　7

須賀一好　34, 59
杉戸清樹　111
杉本つとむ　81
鈴木孝夫　73, 81

曹　紅全　71
染山教潤　101

た 行

田中章夫　34
田中　望　81
田辺振太郎　101
田邉知成　59
谷　泰　123
谷崎潤一郎　91
樽谷浩子　81

千野栄一　7

辻村敏樹　91, 84, 135

土居健郎　93, 101
時枝誠記　30, 34, 59, 81, 82, 91, 134, 135
徳田正信　59

な 行

直塚玲子　111

西尾寅弥　34, 63, 65, 72
西谷博信　14
仁科喜久子　71
仁田義雄　30, 34, 72

野田尚史　42, 52

は 行

橋本進吉　7, 30, 34, 59
長谷川松治　101

服部四郎　7, 22
浜本純逸　91
林　大　42
早津恵美子　34, 59

久野　暲　59
日南田一男　122

福井七子　101
福島泰正　65
藤田和生　111

保科孝一　14
細川英雄　42, 52
堀江・インカピロム・プリヤー　111
堀江　薫　90, 91
堀川　昇　40, 42

ま 行

前川喜久雄　7
牧　雅夫　122
松崎　寛　8, 22
松下大三郎　48, 52, 59
松村　明　49, 52
松本克己　8
松本　武　59

水谷　修　13, 111
水谷信子　111
宮島達夫　34, 63, 65, 72

森田富美子　22
森山卓郎　107, 111

や 行

矢澤真人　132
山内育男　22
山口佳也　42, 52
山田孝雄　29, 34, 52, 59, 133, 135
山本有三　15

湯澤質幸　8, 22

吉野　忠　14

わ 行

渡辺　実　29, 30, 34

欧文

Akatsuka, N.　91
Benedict, R.（ベネディクト）95, 101
Bernstein, B.（バーンスティン）118, 119, 122
Brown, P.　91, 111
Bunge, M.（ブンゲ）76, 81
Comrie, B.（コムリ）84, 91
Furth, H. G.　101
Hall, E. T.　122
Healey, G. H.（ヒーリー）117, 122
Hidasi, J.（ヒダシ）90, 91
Hinds, J.（ハインズ）89, 91
Hofstede, G.　81, 101, 111
Levinson, S.（レヴィンソン）84, 91, 111
Markino, Y.　101
Maynard, S. K.（メイナード）90, 91
McGloin, N. H.（マクグロイン）90, 91
Seidensticker, E. G.　91
Strauss, S.　91
Taira, K.　91

【書名】

あ 行

あいさつ［動物の挨拶行動］111
アドバンストフェイバリット和英辞典　122
「甘え」の構造　101
ある近代日本文法研究史　34

和泉式部日記　99
異文化で作られた概念の受容：外来語の現在　101
意味論の方法　71
岩波哲学小辞典　81
いわゆる日本語助詞の研究　59

浮舟　36
うなぎ文再考　42
『うなぎ文』という幻想—省略と「だ」の新しい研究を目指して—　42
うなぎ文の構造　42
ウナギ文はどこから来たか　42

英語教師　夏目漱石　34
英語にも主語はなかった—日本語文法から言語千年史へ—　34

欧米人が沈黙するとき　111
お礼とお詫び—関係修復のシステムとして—　111
音声（岩波講座言語の科学2）7
音声・音韻探究法　8, 22
音声学　7
音声学　カセットテープ，テキスト付　7
音声学（新装増訂三版）　7

か 行

外国人の疑問に答える日本語ノート1　111
改制新文典別記　34
改選標準日本語文法　52
格助詞—『が』『に』『を』と文法関係—　59
かなづかいの歴史　22

基本形容詞のプロトタイプ構造　71
きまり文句の日英比較　111
敬語　135
敬語（朝倉日本語講座8）135
敬語（岩波講座日本語4）135
『敬語とは何か』がどう変わってきているか　135
形容詞の意味・用法の記述的

索引　*141*

研究　72
形容詞の語形と用法　72
言語学の方法　22
言語とは何か：その哲学的問題への学際的視点　81
言語なき思考　101
言語における主体的なもの　91
言語文化学の視点　90, 101, 122
源氏物語　36
蜆縮涼鼓集　12
現代仮名遣い　22
現代かなづかいとその問題点　14
現代語彙の研究　34, 65
現代語助詞「は」の構文的研究　52
現代日本語の現在　52
現代日本語文法入門　34, 52
現代の敬語　91

語彙と意味（岩波講座日本語9）　65
講座日本語教育第9分冊　122
講座国語史2　22
講座日本語と日本語教育8　22
広日本文典・同別記　59
国語音韻史の研究（増補新版）　7
国語音韻の研究　7
国語学原論　81, 83, 91, 135
国語構文論　34
国語における自動詞と他動詞　34
国語問題五十年　14
古事記　99
古代日本語母音論　8
異なる文化や言葉をもつ人とのコミュニケーション　111
ことばと文化　81
ことばの旋律　34

さ 行

『魚が水泳しています』は間違いだけど，どう説明する？　65
自他違い―自動詞と目的語，そして自他の分類―　59
自動化・他動化および両極化転形―自・他動詞の対応―　59
自動詞と他動詞（ことばの相談室）　34
自動詞『向く』と『を格』の結びつき　59
『辞』の敬語と消極的ポライトネス：聞き手に対する心的態度の表明　90
終助詞と間投助詞　34
主格表現における助詞『が』と『は』の問題　52
術語編（言語学大辞典6）　7
助詞・助動詞の研究　59
新「ことば」シリーズ3―日本語教育―　111
新「ことば」シリーズ4―言葉に関する問答集―敬語編(2)　135
尋常小学校国語読本の研究　52
新和英中辞典　122

続弾！　問題な日本語　135

た 行

対人関係を構成する助詞，助動詞　91
蓼喰ふ虫　91
多文化世界　101
中国人学習者の作文誤用例から見る共起表現の習得及び教育への提言　71
程度名詞と形容詞の連語性　71
定訳　菊と刀　101
手爾葉大概抄　83
ドイツ人と日本人の敬意行動　111
動詞・形容詞問題語用例集　34

動詞の意味・用法の記述的研究　34
動詞の自他　34, 59
動物のあいさつ行動　111

な 行

日米のあいさつことばの輪郭　111
日本語　新版（上）　22, 81, 101
日本語音韻の研究　14
日本語音声学　13
日本語学辞典（新版）　81
日本語教育の方法　81
日本国語大辞典　98, 101, 120
日本語講座5　話しことば書きことば　14
日本語セミナー2　22
日本語と日本人の思考　122
日本語にコード化された認識作用　91
日本語に見る含過程構造　122
日本語の敬語の構造と特色　135
日本語の文法（日本語の世界6）　42
日本語の文法を考える　52
日本語のモダリティと人称　34
日本語の量を表す形容詞の意味体系と量カテゴリーの普遍性　71
日本語はどんな言語か　34, 42, 52
日本語百科大事典　42
日本語表現・文型事典　42, 52
日本語文法における形容詞　72
日本語文法・連語論（資料編）　59
日本社会の出会い・別れのあいさつ行動　111
日本人の行動パターン　101
日本文法研究　59
日本文法口語篇　34, 59, 84,

91
日本文法陳述論　34
日本文法論　34, 52, 59, 135
認識史における弁証法（中）
　　101

ノンバーバルインタフェース
　　122

は　行

箸とチョッカラク―ことばと
　　文化の日韓比較―　111
「は」と「が」　52
話し言葉と日本人―日本語の
　　生態―　111

「ひととき」欄　81
表音的仮名遣い案における社
　　会への配慮　14
表記の基準と問題点　14
表記編（新日本文法講座）　14
標準日本口語法（増補改訂）
　　59
品詞別日本文法講座　助詞
　　34

文化を超えて　123
文法探究法　34, 42
文法の焦点　42
文をどう見たか―述語論の学
　　史的展開―　34

『僕はうなぎだ』型の文につ
　　いて―言葉の省略―　42
『ぼくはうなぎだ』の文はな
　　ぜ成り立つのか　42
「ボクハ　ウナギダ」の文法

―ダとノ―　42

ま　行

万葉集大成　14

文字（岩波講座日本語8）　22
文字・表記探究法　22
文字及び仮名遣の研究　7
文字の本質　22

や　行

雪国　91

よくわかる音声　8
よくわかる語彙　65

ら　行

類似表現の使い分けと指導法
　　65

路傍の石　15

わ　行

和英辞典と日本語　122

を格のかたちをとる名詞と動
　　詞とのくみあわせ　59
を格の名詞と動詞とのくみあ
　　わせ　59

欧　文

Aspects of Japanese Discourse Structure　91
Aspects of Japanese Women's Language　91
Beyond Culture　122
Class, Codes and Control 122
Cross-cultural differences in user's expectations　91
Cultures and Organizations 81, 101, 111
Introduction to Japanese 122
Japanese Behavior Patterns 101
Japanese Communication 91
Linguistic politeness axes 91
Mental integration and linguistic form　123
Modality from a typological viewpoint and discourse modality　91
Philosophical Problems in Linguistics　81
Politeness　91, 111
Politeness and Japanese honorifics　91
Sex differences and sentence-final particles　91
Snow Country　91
Some Prefer Nettles　91
The Chrysanthemum and the Sword　101
Thinking Without Language 101
Transferre Necesse Est　91
When I was a child　101
Where Korean and Japanese differ　91

著者略歴

小池清治（こいけせいじ）
- 1971年　東京教育大学大学院博士課程単位取得
- 1971年　フェリス女学院大学専任講師
- 1976年　宇都宮大学教育学部助教授
- 現　在　宇都宮大学名誉教授

氏家洋子（うじいえようこ）
- 1971年　早稲田大学大学院博士課程単位取得
- 1972年　早稲田大学専任講師
- 1974年　英国シェフィールド大学研究員
- 1985年　山形大学助教授
- 1992年　明星大学教授
- 1997年　山口大学教授
- 現　在　ノートルダム清心女子大学教授

秋元美晴（あきもとみはる）
- 1986年　青山学院大学大学院博士課程単位取得
- 1989年　恵泉女学園大学専任講師
- 現　在　恵泉女学園大学教授

シリーズ〈日本語探究法〉10

日本語教育探究法

定価はカバーに表示

2007年3月25日　初版第1刷
2007年5月10日　　　第2刷

著　者　小　池　清　治
　　　　氏　家　洋　子
　　　　秋　元　美　晴
発行者　朝　倉　邦　造
発行所　株式会社　朝　倉　書　店
　　　　東京都新宿区新小川町6-29
　　　　郵便番号　162-8707
　　　　電話　03 (3260) 0141
　　　　FAX　03 (3260) 0180
　　　　http://www.asakura.co.jp

〈検印省略〉

© 2007〈無断複写・転載を禁ず〉

教文堂・渡辺製本

ISBN 978-4-254-51510-7　C 3381　　Printed in Japan

シリーズ〈日本語探究法〉

宇都宮大学 小池清治 編集
A5判 全10巻【完結】

基礎から卒業論文作成までをわかりやすく解説した国語学・日本語学の新しい教科書シリーズ。日本語に関する基礎および最新の知識を提供するとともに、その探究方法についての指針を具体的事例研究を通して提示した。

第1巻 **現代日本語探究法** 160頁 本体 2800 円
宇都宮大学 小池清治 著

第2巻 **文法探究法** 168頁 本体 2800 円
宇都宮大学 小池清治・赤羽根義章 著

第3巻 **音声・音韻探究法** 176頁 本体 2900 円
筑波大学 湯澤質幸・広島大学 松崎 寛 著

第4巻 **語彙探究法** 192頁 本体 2800 円
宇都宮大学 小池清治・島根県立島根女子短期大学 河原修一 著

第5巻 **文字・表記探究法** 164頁 本体 2800 円
愛知県立大学 犬飼 隆 著

第6巻 **文体探究法** 244頁 本体 3500 円
宇都宮大学 小池清治・鈴木啓子・松井貴子 著

第7巻 **レトリック探究法** 168頁 本体 2800 円
広島大学 柳澤浩哉・群馬大学 中村敦雄・宇都宮大学 香西秀信 著

第8巻 **日本語史探究法** 162頁 本体 2800 円
京都女子大学 小林賢次・相模女子大学 梅林博人 著

第9巻 **方言探究法** 144頁 本体 2800 円
前鳥取大学 森下喜一・岩手大学 大野眞男 著

第10巻 **日本語教育探究法** 152頁
宇都宮大学 小池清治・ノートルダム清心女子大学 氏家洋子・恵泉女学園大学 秋元美晴 著

上記価格(税別)は 2007 年 4 月現在